Naturseifen für den Haushalt

Barbara Freyberger

# NATURSEIFEN

## für den Haushalt

### Vergessene Rezepturen neu entdeckt

Fotografie: Sabine Reichlmayer

CHRISTIAN

Gallseife

# INHALT

Gallseife

# VORWORT

Wer hätte das gedacht? Nun sitze ich abermals hier und schreibe mein zweites Buch. Eine Fortsetzung von »Naturseife selber machen«. Mein erstes Buch ist in der dritten Auflage und auch in französischer Sprache verfügbar. Auch das habe ich nicht erwartet, umso größer ist meine Freude, dass »Naturseife selber machen« so viele Menschen interessiert.

Vor drei Jahren habe ich mich dazu entschlossen, meine Werkstatt aufzugeben. Keine leichte Entscheidung nach 18 Jahren Seifensieden. Meinen Händen wurde sehr viel abverlangt und sie wollten nicht mehr. Meine Manufaktur wurde einem Geschäftspartner übergeben, der Rogner Therme Bad Blumau. Dort werden nach wie vor nach meinen Rezepturen mit viel Liebe Seifen gesiedet.

Ich habe die Produktion abgegeben. Aber nicht meine Liebe zu Seife! Denn Naturkosmetik zu fertigen, war für mich nie nur Beruf, sondern Berufung. Die Unabhängigkeit vom Handel kein Hobby, sondern notwendig.

Die Zeit war reif für Veränderung, und die Nachfrage, wie man Seifen selber herstellt, wurde immer größer. So begann ich zu unterrichten. Meine Workshops und Seminare finden in real und online statt.

Meine Ausbildungen zur Diplom-Kräuterpädagogin, zum Heilkräutercoach und zur Grünen-Kosmetik-Pädagogin runden mein Wissen ab, und ich bin als Referentin und Seminarleiterin zum Thema »Die Kunst des Seifensiedens«, »Seife und ökologische Waschalternativen«, »Schmierseife & Kernseife & Gallseife«, »Naturkosmetik« und zu diversen Themen im Bereich »Wild- und Heilkräuter« tätig. Es bereitet mir sehr viel Freude, mit Menschen zu arbeiten. Ich kann mir nichts Schöneres vorstellen, als meine Begeisterung zum Thema »handgemachte Naturseife« und »ökologisches Waschen« zu teilen.

Mein Wissen weiterzugeben erfüllt mich, ich kann damit sehr viel bewegen.

Beim Seifensieden kann man seiner Kreativität freien Lauf lassen und wird mit einzigartigen Seifenstücken belohnt. Abgesehen davon verwöhnt man nicht nur seine Haut mit einer natürlichen Reinigung und Pflege, sondern nimmt Rücksicht auf die Umwelt. Das ist ein wichtiger ökologischer Aspekt.

Was liegt daher näher, als auch im Haushalt auf natürliche Mittel zurückzugreifen?

Es erfordert etwas Zeit und Übung, Schmierseife und Kernseife selber herzustellen, letztendlich ist es aber keine Hexerei.

Dieses Buch widmet sich alten, vergessenen Seifenrezepturen im Haushalt. Schmierseife, Kernseife und Gallseife sollten in keinem Haushalt fehlen. Sie ersetzen chemische Reinigungsmittel und reduzieren Plastikmüll. Nebenbei sind sie kostengünstig, extrem ergiebig und rasch und zu 100 % biologisch abbaubar. Unser ökologischer Fußabdruck wird reduziert.

Leider ist das Wissen rund um diese speziellen Haushaltsseifen in Vergessenheit geraten. Mit diesem Buch möchte ich es wiederbeleben. Es richtet sich an schon erfahrene Seifensieder, die neben einer natürlichen Körperpflege auch eine naturbelassene Reinigung zu Hause anstreben.

Dieses Buch soll Ihnen Anregungen und Möglichkeiten einer sanften Reinigung, die ohne Umweltbelastung auskommt, geben. Zusätzlich gibt es auch ein umfassendes Kapitel zum Thema »Seifen-Recyceln«. Hier können Sie Ihrer Kreativität freien Lauf lassen.

Ich wünsche Ihnen viel Vergnügen beim Lesen und Ausprobieren!

Herzlichst
*Barbara Freyberger*

# Die Grundlagen

# BEVOR ES LOSGEHT

*Dieses Kapitel bietet Ihnen einen Überblick über die Verseifungsmethoden, über die Geschichte des Seifensiedens und die chemischen Prozesse, die hierbei wirken.*

*← Selbst gesiedete Reinigungsseifen schonen die Umwelt*

Die Rohstoffe bei der Herstellung von Seife können pflanzlichen oder tierischen Ursprungs sein. Sie bilden die Basis, den sogenannten »Fettansatz« eines Rezeptes. Die Eigenschaften der Rohstoffe sind völlig unterschiedlich und beeinflussen die Seife in ihrer Härte, Stabilität und Schaumbildung. Das Geheimnis einer guten Seife ist es, das richtige Verhältnis der Rohstoffkomposition zu finden.

Wegen dieser individuellen Eigenschaften der Öle und Fette benötigen sie eine unterschiedliche Menge an Ätznatron, das in Wasser gelöst die notwendige Lauge ergibt, um sie in Seife umzuwandeln.

Es ist nicht so kompliziert, wie es sich anhört, denn es gibt sogenannte »Verseifungszahlen«, um die nötigen Mengen zu bestimmen (siehe Seite 45). Im Internet gibt es »Seifenrechner«, wo die genaue Menge der gewünschten Basisöle und -fette eingegeben werden kann, um die notwendige Menge Ätznatron für die Lauge zu ermitteln.

Die exakte Menge von Ätznatron ist sehr wichtig und sollte auf 1 g genau stimmen. Verrechnet man sich und nimmt zu wenig, erhält man eine zu schwache Lauge. Die Folge ist, dass nicht alle Öle korrekt verseifen und zu viele nicht umgewandelte Öle und Fette in der Seife verbleiben. Sie wird daher »schmierig«. Verwendet man zu viel Ätznatron, wird die Seife stark alkalisch oder basisch sein, die Haut kann im schlimmsten Falle »verätzt« werden. Daher ist das genaue Ausrechnen wichtig, am besten zweimal nachrechnen!

*↑ Mithilfe eines Stabmixers werden Lauge und Fettansatz verbunden*

## DIE GRUNDLAGEN DER KALTVERSEIFUNG

Heutzutage ist die gängigste Art, Naturseifen herzustellen, das Kaltverfahren. Es wird so genannt, weil der Prozess der Verseifung bei relativ niedriger Temperatur stattfindet. Es wird bei etwa 36–54 °C verseift. Daher ist der Begriff »Seifensieden« beim angewandten Kaltverfahren eigentlich nicht korrekt.

Die Seifenmasse wird nicht so wie früher stundenlang gekocht. Als Hilfswerkzeug wird ein Stabmixer eingesetzt, um den chemischen Prozess zu beschleunigen.

Öle und Fette bestehen aus organischen Fettsäuren und Glycerin: Drei Fettsäuremoleküle sind mit einem Glycerinmolekül verbunden. Beim chemischen Prozess der Verseifung verbinden sich die drei Fettsäuremoleküle mit je einem Laugenmolekül und bilden aus Säure und Base ein Seifenmolekül. Das Glycerin bleibt bei diesem Vorgang über, und somit hat eine handgesiedete Seife besonders pflegende Eigenschaften.

Das Grundprinzip der Kaltverseifung ist, dass pflanzliche oder tierische Fette und Öle unserer Wahl bei einer Temperatur von 36–54 °C mit der Natronlauge (Ätznatron gelöst in Wasser) vermischt und zu einer chemischen Reaktion gebracht werden. Abgesehen vom kurzen Erwärmen der Öle und Fette (um diese zu schmelzen) wird keinerlei Wärme zugeführt. Die zuerst noch heißen, transparent scheinenden Öle und Fette werden durch die Beigabe der Natronlauge unter ständigem Rühren trübe und verändern ihre Konsistenz. Diese ähnelt einer sämigen Suppe oder einem Pudding und wir können beim Hochziehen des Rührwerks verbleibende »Spuren« (Spurbildung) auf der Oberfläche des Seifenleims erkennen. Ein Zeichen, dass unser Seifenleim fertig ist.

Rasch werden die vorab bereitgestellten Farb- und Duftstoffe eingerührt. Die Seifenmasse wird in Formen eingegossen, gut mit einer Plastikfolie abgedeckt und mit Handtüchern wärmeisoliert. Durch die chemische Reaktion der Öle und Fette mit der Natronlauge entsteht Wärme, und in diesem Prozess können Temperaturen von 50–70 °C erreicht werden. Man spricht von einer sogenannten »Gelphase«, die die Seife durchläuft. Je nach Auswahl der Ausgangstemperatur und der Zusätze können die Temperaturen höher oder niedriger ausfallen. Die frische Seife ruht je nach Rezeptur 2–5 Tage, bis sie fest ist und entformt werden kann. Das Aushärten der Seife hängt von der Wahl Ihrer Öle und Fette ab.

Diese »frische« Seife hat noch einen sehr hohen pH-Wert und ist stark basisch bzw. alkalisch. Der pH-Wert ist mit 11–12 noch viel zu hoch und wäre für die Haut schädlich. Für

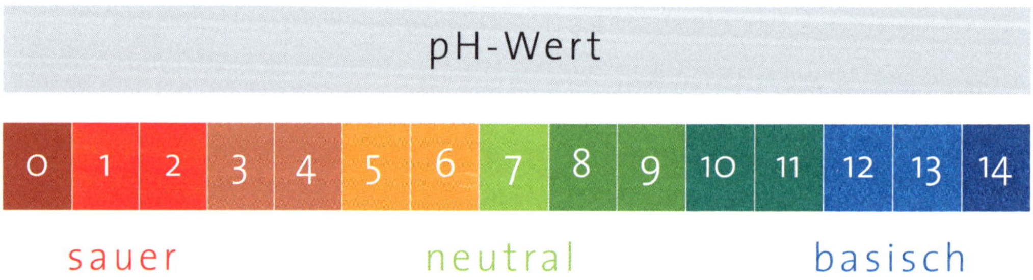


↑ *Handgesiedete Seifen haben im Durchschnitt einen pH-Wert von 8–8,5*

↑ *Selbst gesiedete Harzseife, Gallseife und Schmierseife (von links)*

Seifen ist ein pH-Wert von 8–10 zulässig. Die menschliche Haut hat einen pH-Wert von ungefähr 5,5. Handgesiedete Seifen haben nach der Reife im Durchschnitt einen pH-Wert von 8–8,5. Der pH-Wert kann mit einem Indikatorpapier, das in der Apotheke erhältlich ist, gemessen werden. Ich persönlich bevorzuge einen milden pH-Wert von 8–8,5 in der Skala.

Der endgültige »Reifungsprozess« der Seife dauert 4–6 Wochen und findet bei Zimmertemperatur statt. Die schwierigste Aufgabe nach dem Sieden ist, die Reifezeit abzuwarten, die notwendig ist, bevor wir endlich das neue Seifenstück ausprobieren können. Unsere Geduld wird auf die Probe gestellt!

Der Vorteil des Kaltverfahrens besteht darin, dass durch niedrige Temperatur die pflegenden Eigenschaften unserer Öle und Fette erhalten bleiben. Seifen, die im Kaltverfahren hergestellt werden, ergeben äußerst hochwertige und hautpflegende Seifen, daher ist diese Methode sehr beliebt. Ein weiterer Vorteil ist, dass der Seifenleim beim Eingießen relativ dünnflüssig bleibt und sämtliche Ornamente in Silikonformen ohne Lufteinschlüsse hübsch zur Geltung kommen.

↑ *Zum Festwerden wird die Seifenmasse in Formen gegossen*

## DIE GRUNDLAGEN DER HEISSVERSEIFUNG

Eine weitere Möglichkeit, Seifen zu sieden, ist das Heißverfahren. In diesem Verfahren wird durch das zusätzliche Zuführen von Wärme die Verseifung beschleunigt. Es werden zuerst wie im Kaltverfahren die geschmolzenen Fette und Öle mit der Ätznatron- oder Kaliumlauge zur chemischen Reaktion gebracht.

Für die weitere Herstellung der Seife ist das »Topf-im-Topf-Verfahren« eine Möglichkeit. Bei dieser Methode wird der Seifenleim nach der »Spurbildung« in einen Topf mit heißem Wasser gestellt. Der Seifenleim wird ungefähr 20–30 Minuten gerührt, bis er stark eingedickt ist. In diesem Prozess entstehen Blasen und Schaum und es werden Temperaturen an die 100 °C erreicht. Vorsicht ist geboten, dass kein Wasser vom unteren Topf in den Seifenleim kommt und man sich beim Halten des Topfes nicht durch den Wasserdampf verbrennt.

Der Seifenleim ist sehr dick und beim Eingießen können Lufteinschlüsse entstehen. Daher ist es vorteilhaft, eine größere Blockform anstatt kleiner Einzelformen zu wählen. Kreatives Gestalten wie Schichten oder Marmorieren ist bei dieser Technik nicht möglich.

Eine alternative Methode ist es, den Topf mit Seifenleim direkt auf die Herdplatte zu stellen. Bei niedriger bis mittlerer Temperatur wird ständig gerührt. Man kann den Topf immer wieder von der Herdplatte nehmen, falls der Seifenleim aufschäumt oder zu heiß wird. Es ist darauf zu achten, dass der Seifenleim nicht zu stark überhitzt wird und anbrennt. Diese Variante wird bei der Herstellung von Schmierseife in diesem Buch angewendet.

Der Vorteil des Heißverfahrens ist, dass die Seife im Anschluss gleich (24–48 Stunden nach dem Eingießen) verwendet werden kann. Trotzdem lasse ich die Seife meistens 2–3 Wochen nachreifen.

# VORTEILE VON SELBST GEMACHTEN SEIFEN UND REINIGUNGSMITTELN

Das Reinigen von Körper, Wäsche und Haushalt ist mittlerweile eine kostenaufwendige Angelegenheit geworden.

Bis in die 60er-Jahre war das klassische Seifenstück das Reinigungsmittel schlechthin. Körper und Haushalt wurden damit gereinigt. In Kombination mit Schmierseife waren dazu nur zwei Reinigungsmittel notwendig. Zwei Reinigungsmittel für ALLES! In den letzten 20 Jahren ist der Verkauf von festen Seifenstücken erheblich gesunken. Das feste Seifenstück wurde durch Flüssigseife ersetzt.

Heute wird dem Konsumenten suggeriert, dass er viele unterschiedliche Mittel benötigt – um sein Konsumverhalten zu steigern. Teure Wasserenthärter für Geräte, Weichspüler, Flüssigseifen, Schaumbäder, Bleichmittel, Waschmittel für schwarze Wäsche, für bunte Wäsche und eine Vielzahl von Putzmitteln füllt die Regale. Viel zu teuer und umweltbelastend, da nicht in den Kläranlagen filterbar, kommen sie meistens verpackt in Hartplastik in den Handel. Überteuerte Flüssigseifen werden in in nicht nachfüllbaren Gebinden angeboten, die umgehend nach Gebrauch in den Plastikmüll wandern, um durch neue ersetzt zu werden. Der Großteil der Reinigungsmittel enthält gesundheitlich bedenkliche Inhaltsstoffe. Diese können Allergien auslösen, sind umweltschädlich und für ein weitreichendes Artensterben in Gewässern verantwortlich.

In meinen Seminaren treffe ich immer häufiger auf Menschen, die nach Alternativen suchen und sich Gedanken über eine natürliche und ökologische Reinigung im Haushalt machen. Zum Glück gibt es immer mehr, die verantwortungsbewusst auf dem Planeten Erde leben möchten.

## CHECKLISTE

**Hier möchte ich gerne auf die Vorteile von selbst gemachter Seife und selbst gemachten Wasch- und Reinigungsmitteln aufmerksam machen:**

» Kostengünstig und ergiebig

» Frei von chemischen Zusätzen

» Hautschonend

» Rasch und 100 % biologisch abbaubar

» Unabhängigkeit vom Handel

» Transparenz der Inhaltsstoffe

» An individuelle Bedürfnisse anpassbar

» Umweltschonend

» Reduktion von Plastikmüll

↑ *Natürliche Materialen für natürliche Sauberkeit*

## GESCHICHTLICHES

Die ersten Seifenrezepte wurden im Irak in sumerischer Schrift, eingeritzt in Tontafeln, und in Ägypten, auf Papyrus, gefunden. Vor rund 4000 Jahren wurde die Vorform unserer Seife aus einer Mischung alkalischer Pflanzenasche und Ölen hergestellt. Sie wurde zur Vorbehandlung von Wolle vor dem Färben und als Heilsalbe verwendet.

Kernseife ist jahrtausendealt und hat ihren Ursprung in Aleppo, einer Stadt, die einst für Hochkultur stand. Geschickte Handwerker fertigten die ersten Aleppo-Seifen aus Oliven- und Lorbeeröl. Durch die Kreuzritter fanden sie den Weg nach Europa.

Der Gebrauch von Seife findet sich in den unterschiedlichsten Kulturen wieder, doch erst die Römer entdeckten die Waschkraft der Seife und setzten sie zur Körperreinigung ein. Im 12. Jahrhundert landete die Kernseife auch in Frankreich. Marseille wurde zu einem Zentrum für Seife, von dort aus wurde halb Europa beliefert. Unter Ludwig XIV. wurde »Savon du Marseille« eine Marke, und 20 000 Tonnen Seife verließen jährlich den Hafen.

Ludwig XIV. unterstützte die Kunst der Seifenherstellung und verhalf ihr zu einer neuen Blüte. Ende des 17. Jahrhunderts erließ er ein Reinheitsgebot, ein Gesetz, nach dem eine hochwertige Seife mindestens 72 % reines Öl enthalten musste. Diese Seifen wurden durch das »Marseiller Wappen« gekennzeichnet, eine Vereinheitlichung bei den Rezepturen von Kernseifen. Somit konnte »Savon du Marseille« auch in Toulon oder Arles hergestellt werden. Aufgrund dieser Vereinheitlichung gab es knapp 100 Jahre später 48 Marseiller Kernseifen-Fabriken mit einer Jahresproduktion von 76 000 Tonnen. Der Höhepunkt wurde 1938 erreicht: Es wurden nicht weniger als 120 000 Tonnen Kernseife hergestellt.

Auch die ersten »Toilettenseifen«, später dann umbenannt in »Feinseifen«, entstanden unter Ludwig XIV. Er veranlasste, die Seifen mit Duftstoffen zu verfeinern. An Europas Höfen als Luxusartikel gehandelt, waren diese Seifen für die Masse der Bevölkerung unerreichbar.

Ein weiterer Franzose, der Chemiker Nicolas Leblanc, entwickelte 1791 ein Verfahren zur Herstellung von Natriumsalz, einem Grundrohstoff für die Laugenherstellung. Seine Erfindung war maßgeblich für den Beginn der Massenproduktion. Durch dieses neuen Verfahren wurde Seife ab dem 19. Jahrhundert günstig und für die Allgemeinheit verfügbar.

↑ *Bis in die 1960er-Jahre wurde feste Seife zur Reinigung von Körper und Haushalt verwendet*

Die ursprüngliche Kernseife war grün und wurde »Grüne Seife« genannt. Heute geht man davon aus, dass es mit den Rohstoffen zu tun hatte. Die Farbe des Olivenöls oder das Grün des Hanföls könnten für die Benennung »Grüne Seife« gesorgt haben. Die Herstellung erfolgte in langer Tradition. Anders als bei unseren heutigen Naturseifen wurde dem Seifenleim Salz beigemengt. Diesen Vorgang nannte man »Aussalzen«, die Seife trennt sich dabei vom Wasser. Glycerin und andere unerwünschte Begleitstoffe werden abgespalten, zurück bleibt reine, fettfreie Kernseife ohne Farb- oder Duftstoffe, nur Seife pur. Sie ist ein wenig härter, länger haltbar und hat eine starke Reinigungswirkung.

Seit dem Zweiten Weltkrieg ist die Produktion von Kernseife stetig zurückgegangen. Viele der historischen Hersteller mussten schließen. Kernseife und Schmierseife blieben bis ins 20. Jahrhundert das wichtigste Körper- und Haushaltsreinigungsmittel.

## GEFAHRENSTOFF NaOH

» Die chemische Formel für Natriumhydroxid ist NaOH, es ist ein wichtiger Grundrohstoff bei der Seifenherstellung.

» Als Pulver, in Kügelchen- oder Plättchenform ist es in Reformhäusern und Apotheken erhältlich.

» Verschlossen und sicher aufbewahrt ist Natriumhydroxid fast unbegrenzt haltbar. Stets gut als Gefahrenstoff kennzeichnen!

» Beim Lösen in Wasser kommt es zu einer großen Wärmeentwicklung mit Temperaturen von knapp unter 100 °C.

» Natriumhydroxid wird für die Herstellung von festen Seifenstücken verwendet.

» Beim Verarbeiten sind unbedingt Schutzvorkehrungen zu ergreifen.

## DIE CHEMISCHEN PROZESSE

Pflanzliche oder tierische Öle und Fette werden, wie vorerwähnt, je nach Herstellungsverfahren geschmolzen und dann entweder mit Natronlauge (Natriumhydroxid gelöst in Wasser) oder Kaliumlauge (Kaliumhydroxid gelöst in Wasser) zu einer chemischen Reaktion gebracht. Durch das Erhitzen spalten sich die Öle und Fette in ihre Grundbestandteile auf, in organische Fettsäuren und Glycerin (8–10 %). Bei dieser chemischen Reaktion entsteht eine starke Anziehungskraft, die organischen Fettsäuren verbinden sich mit der Lauge und neutralisieren sich. Eine Umwandlung findet statt.

Chemisch gesehen ist Seife ein »Salz«. Bei einer hundertprozentigen Verseifung bzw. Umwandlung sind im Endprodukt weder Lauge noch Öle oder Fette nachweisbar.

Eine Eigenschaft von Salz ist es, sich in Wasser aufzulösen. Seife fungiert wie ein Emulgator und ist in der Lage, Fett und Wasser miteinander zu verbinden. Sie hat schmutzlösende und schäumende Qualitäten. Der Schmutz wird im Seifenschaum aufgenommen und im Anschluss weggespült.

Die zum Seifensieden verwendete Stoffe Natriumhydroxid und Kaliumhydroxid werden als Gefahrenstoffe gehandelt, und dessen sollten wir uns während der Arbeit vollkommen bewusst sein. Bitte halten Sie folgende Sicherheitsregeln ein:

## SICHERHEITSREGELN

» Beide Gefahrenstoffe sind hygroskopisch (wasseranziehend) und müssen daher in luftdichten Behältern aufbewahrt werden.

» Schon der Name deutet darauf hin: Natriumhydroxid (Ätznatron) und Kaliumhydroxid sind hochgradig ätzend und schädlich für unsere Schleimhäute. Sie können bei unsachgemäßer Verarbeitung schwere Verätzungen hervorrufen. Kontakt mit Haut, Augen und Schleimhäuten ist unbedingt zu vermeiden.

» Um Verwechslungen zu vermeiden, müssen diese Stoffe außer Reichweite von Kindern und gut als Gefahrenstoff beschriftet gelagert werden.

» Beim Lösen von NaOH und KOH entstehen kurzfristig giftige Dämpfe, daher ist es notwendig und wichtig, bei diesem Arbeitsschritt Schutzbrille, Mundschutz und Haushaltshandschuhe zu tragen. Langärmelige Oberteile und eine Schürze sind vorteilhaft und verhindern, dass die Haut Dämpfen oder Laugenspritzern ausgesetzt wird.

» Auf ein gutes Durchlüften der Räumlichkeiten ist zu achten, das Einatmen der Dämpfe soll vermieden werden. Alternativ kann das Lösen von Natriumhydroxid und Kaliumhydroxid auch bei offenem Fenster oder im Freien durchgeführt werden.

## GEFAHRENSTOFF KOH

» KOH ist die chemische Formel von Kaliumhydroxid.

» Beim Lösen in Wasser kommt es genauso wie bei Natriumhydroxid zu einer großen Wärmeentwicklung und giftige Dämpfe werden freigesetzt.

» Erhältlich in Plättchenform wird Kaliumhydroxid für die Herstellung von pastösen Seifen (Schmierseife), aber auch zur Mischverseifung (NaOH + KOH) verwendet.

» Es muss gut als Gefahrenstoff gekennzeichnet und fest verschlossen gelagert werden.

» Auch hier ist es unerlässlich, beim Verarbeiten die Sicherheitsregeln einzuhalten.

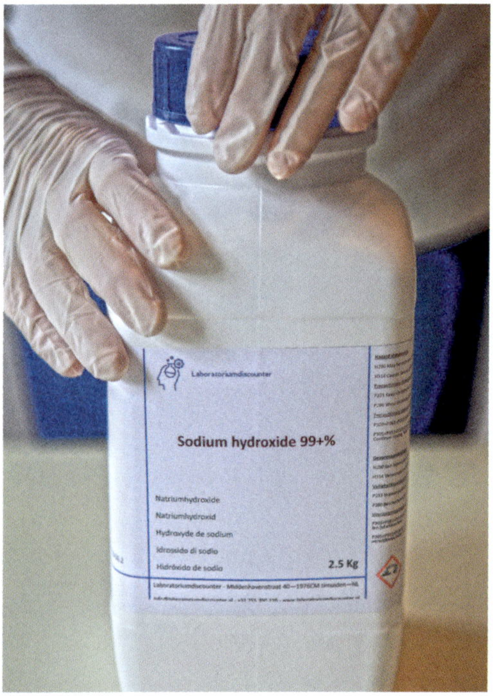


↑ *Achtung: Ätznatron ist ein Gefahrenstoff*

» Wichtige Grundregel: Natriumhydroxid und Kaliumhydroxid werden immer im Wasser gelöst, niemals umgekehrt, denn das könnte zu starken chemischen Reaktionen führen.

» Beim Seifensieden sollten Sie sich eine Kreativpause gönnen, um ungestört arbeiten zu können. Kinder und Tiere haben hierbei keinen Platz, ihre Anwesenheit sollte ausgeschlossen werden.

» Als Laugengefäße eignen sich hitzebeständiger Kunststoff, Glas oder rostfreier Stahl. Die Lauge erreicht nach dem Lösen Temperaturen bis zu 100 °C! Keine Behältnisse aus Aluminium verwenden, da sie mit der Lauge reagieren können.

» Schützen Sie Ihren Arbeitsplatz mit einer Kunststofffolie. Falls Laugenspritzer auf Ihre schöne Küchenzeile kommen, kann diese beschädigt werden.

» Falls Sie doch mit einem Spritzer Lauge oder flüssigem Seifenleim in Berührung kommen, spülen Sie die betroffene Stelle lange und mit viel Wasser ab. Falls Ihr Auge mit Lauge in Berührung kommt, mit Wasser ausspülen und umgehend einen Arzt aufsuchen. Sollten Sie versehentlich Natriumhydroxid oder Kaliumhydroxid verschluckt haben, viel Wasser trinken und umgehend den Notarzt rufen.

» Falls Sie Lauge oder Seifenleim auf Ihrer Arbeitsfläche verschüttet haben, mit Küchenpapier aufwischen. Sie können Essig mit Wasser verdünnen und damit nachwischen, um den pH-Wert zu senken.

All das hört sich sehr beängstigend an. In meinen Kursen werden die Gefahrenstoffe Natriumhydroxid und Kaliumhydroxid ausführlich besprochen. In fast 20 Jahren Seifensiederei und Tausenden von gesiedeten Seifen ist mir nie ein Unfall passiert. Wenn die Sicherheitsregeln eingehalten werden, stellt Seifensieden kaum eine Gefahr dar.

↑ *Schutzbrille, Mundschutz und Haushaltshandschuhe sind beim Arbeiten mit Gefahrenstoffen Pflicht*

# ARBEITSPLATZ UND GERÄTE

*In diesem Kapitel erfahren Sie, welche Arbeitsgeräte Sie benötigen und wie Sie Ihren Arbeitsplatz optimal vorbereiten.*

← *Die Arbeitsgeräte sind in Haushaltsgeschäften erhältlich*

↑ *Zum Schutz Handschuhe tragen*

## ARBEITSGERÄTE UND ZUBEHÖR

Die Ausrüstung, die zum Seifensieden benötigt wird, ist zum Großteil in einer Küche vorhanden. Die restlichen Utensilien sind leicht zu besorgen. Im Bauhaus oder Supermarkt werden Sie rasch fündig. Wichtig ist, die Arbeitsgeräte wie Töpfe, Stabmixer und Silikonformen ausschließlich für das Seifensieden zu verwenden und nicht mit den restlichen Küchenutensilien zu vermischen. Gebrauchte Töpfe und Zubehör können Sie günstig auf dem Flohmarkt erstehen.

### CHECKLISTE

**Ein sicherer Arbeitsplatz**

Nachdem die Arbeitsgeräte und die Rohstoffe besorgt sind, richten Sie Ihren Arbeitsplatz sicher und bequem ein:

» Die Arbeitsfläche mit einer Folie (kann auch ein aufgeschnittener Müllsack sein) gut abdecken. Viele Arbeitsplatten reagieren empfindlich auf Laugenspritzer und Seifenleim, sie hinterlassen Flecken, die nicht mehr zu entfernen sind.

» Für eine gute Lüftung sorgen! Beim Lösen von Natriumhydroxid und Kaliumhydroxid entstehen giftige Dämpfe. Daher Fenster öffnen oder den Dunstabzug einschalten.

» Nehmen Sie sich 2–3 Stunden Zeit. Kinder und Haustiere haben in der Seifenküche nichts verloren.

» Als Erste-Hilfe-Mittel immer eine Flasche Essig bereitstellen. Dieser neutralisiert ungewollte Laugenspritzer.

# CHECKLISTE

**Checkliste für die richtige Ausrüstung**

**Haushaltshandschuhe:** Diese sollten bis zum Ellbogen reichen, um Ihre Haut vor der Lauge und dem frischen Seifenleim zu schützen.

**Grammgenaue digitale Waage:** Diese ermöglicht ein exaktes Abwiegen. Ungenauigkeiten können sich negativ auf die Seife auswirken.

**Großer Edelstahl- oder Emailletopf:** Der Topf sollte ein Fassungsvermögen von 2–3 l haben. Nicht geeignet sind Aluminium- und Kupfertöpfe, da diese mit der Lauge reagieren. Die Füllmenge richtet sich nach der gewünschten Seifenmenge. Es ist von Vorteil, eine Höhe von 15–20 cm anzustreben, um Spritzer, die beim Rühren entstehen, aufzufangen.

**Thermometer bis 100 °C:** Wird benötigt, um die Temperaturen der Öle und Lauge zu messen. Es eignen sich Thermometer aus dem Labor oder gewöhnliche Zuckerthermometer.

**Kunststoffspatel:** Verwendet als Rührwerk für die Lauge und die Basisöle. Ein Rührwerk aus Holz ist nicht geeignet, da es von der Lauge angegriffen wird. Auch Schneebesen aus rostfreiem Stahl sind geeignet.

**Hitzebeständiges Glas- oder Plastikgefäß mit einem Fassungsvermögen von 1 l:** Erforderlich für die Lauge, denn diese reagiert beim Lösen in Wasser mit hoher Temperatur. Am besten vorab einen Test mit kochendem Wasser machen. Hilfreich ist ein Gefäß mit Gießtülle, das beim Eingießen in die Öle einen dünnen Strahl fabriziert und ein Abrinnen und Spritzen vermeidet.

**Apfelessig für den Notfall:** Falls Sie doch einmal Lauge verschütten, wird diese mit Essig neutralisiert und trocken gewischt. Im Anschluss mit heißem Seifenwasser gründlich reinigen.

**Stabmixer:** Er ist ein hilfreiches Werkzeug, auf das man in der modernen Seifensiederei nicht verzichten kann. Auch dieses Gerät soll, wie alle anderen auch, nur zum Seifensieden verwendet werden. Er beschleunigt das Andicken der Seifenmasse erheblich. Gerne können Sie versuchen, eine Seife nur mit einem Schneebesen und eine mit einem Stabmixer zur Spurbildung zu bringen. Sie werden den Unterschied bemerken.

**Schutzbrillen:** Diese sind Pflicht, da beim Lösen des Ätznatrons im Wasser und beim Eingießen der Lauge in die Öle Spritzer entstehen können. Wenn diese ins Auge gelangen, besteht akute Erblindungsgefahr. Die Schutzbrillen werden erst wieder abgenommen, wenn die Seife in die Form gegossen wurde.

**Atemschutzmaske:** Eine solche ist notwendig, falls Sie die Räumlichkeiten nicht gut lüften können.

**Frischhaltefolie aus Kunststoff:** Erforderlich, um die eingegossene Seife abzudecken. Alternativ eignet sich auch Butterbrotpapier.

**Handtücher:** Mit ihnen werden die Formen zugedeckt und warm gehalten.

**Scharfes Messer:** Benötigt, um die Seifen zu schneiden.

**Außerdem**

» Gummispatel
» Kochschürze
» Butterbrotpapier, um Formen auszulegen, soweit diese nicht aus Silikon sind
» Seifenformen aus Silikon oder recycelte Behältnisse wie leere Puddingbecher aus Kunststoff
» Plastikschüsseln in diversen Größen
» Eine Küchenrolle
» Ein Plastiksieb (feinmaschig)
» Müllsäcke oder Folien, zum Schutz der Arbeitsflächen

↑ *Das Wichtigste: Spatel, Stabmixer, Schüssel mit Lauge, Topf mit Fettansatz und Seifenform*

↑ *Silikonformen erleichtern das Entformen*

## SEIFENFORMEN

Noch nie gab es so eine Vielfalt an Möglichkeiten, um Seifen eine besondere Form zu geben. Im Handel gibt es Hersteller, die sich auf Seifenformen aus Silikon spezialisiert haben. Diese sind wunderbar in der Handhabung und isolieren gleichzeitig die noch warme Seife. Sie sind kostengünstig und leicht zu reinigen. Angeboten werden Einzelformen und Blockformen. Die Wärme des Seifenleims hält länger, wenn er in Formen mit größerem Volumen gegossen wird. Einzelformen kühlen durch das geringere Volumen schneller aus und müssen deshalb besser isoliert werden.

Auch im Baumarkt gibt es viele Formen, die zweckentfremdet werden können, wie zum Beispiel PVC-Rohre, Kunststoffbehälter (in der Haushaltsabteilung), Kunststoffdosen, Holzkisten oder Kartonagen.

Wenn Sie das Seifensieden gepackt hat, werden Sie mit geschärftem Blick durch die Läden ziehen und einiges nur der Verpackung wegen kaufen. Oder Verpackungen nicht mehr wegwerfen, sondern wegen ihrer kreativen Form umfunktionieren. Hier eine Übersicht:

» **Silikonformen** sind in unterschiedlichem Dekor erhältlich und müssen nicht eingefettet oder mit Folie ausgelegt werden.

» **Holzformen** sollten mit Butterbrotpapier oder Frischhaltefolie aus Kunststoff ausgelegt werden. Achten Sie darauf, faltenfrei zu arbeiten, denn die Falten sind später in der Seife zu sehen. Holzformen halten die Wärme des frischen Seifenleims sehr gut.

» **Stabile Kartons oder Papierschachteln** mit stärkerer Folie (Müllbeutel) auslegen.

» **PVC-Rohre** sollten nicht länger als 20 cm sein, Sie dürfen nicht vergessen, dass Sie das Seifenstück »rausdrücken« müssen. Vorab wird das Rohr ausgefettet und ein Ende mit einem Stück Plastik und Klebeband gut verschlossen (oder Sie kaufen das Endstück gleich mit). Es kann eine echte Herausforderung sein, die Seife zu entformen. Falls es gar nicht klappt, können Sie die Seife für ein paar Stunden einfrieren und dann mit festem Druck entformen.

» **Weiche Plastikformen** sind gut geeignet, aber sie müssen vorab eingefettet werden. Auch Hartplastikformen (z. B. Tupperware) eignet sich als Seifenform.

↑ *Arbeitsgeräte und Zubehör ausschließlich zum Seifensieden verwenden*

» **Metallbackformen** sind nur geeignet, wenn sie mit Frischhaltefolie aus Kunststoff ausgelegt werden, sonst könnten sie mit dem Seifenleim reagieren. Ohne Frischhaltefolie wäre die frische Seife auch kaum zu entformen.

» **Recycelte Kunststoffbehälter** aus dem Lebensmittelbereich (Joghurtbecher, Frischkäsebecher oder Tetra Paks) können eingefettet und zweckentfremdet werden. Hier gibt es wirklich sehr viele Möglichkeiten. Die wiederverwerteten Verpackungen sollten allerdings nicht zu dünn und hitzebeständig sein. Sie können je nach Festigkeit mehrere Male verwendet werden.

Sämtliche Formen, in denen Seife gegossen wurde, fallen für den Gebrauch im Haushalt weg, sie sollten nur noch für die Seifenherstellung verwendet werden! Dosen aus Metallen und aus Aluminium sind nicht als Formen geeignet, da die Lauge mit dem Metall reagiert.

# SEIFENLEXIKON

*»Was ist eine Feinseife?«, »Was unterscheidet Kernseife und eine normale Seife?« ... In diesem Kapitel möchte ich diese und ähnliche Fragen beantworten.*

In diesem Kapitel möchte ich gerne auf unterschiedliche Seifen und deren Namen eingehen. In meinen Kursen kommt es sehr oft vor, dass mich Teilnehmer fragen: »Wo ist der Unterschied zwischen Kernseife und einer normalen Seife?« oder »Was ist eine Feinseife?« und »Worin liegt der Unterschied zwischen einer Feinseife und einer Kernseife?«.

Hier finden Sie einfache Erklärungen:

## FEINSEIFE

Feinseifen oder auch Toilettenseifen sind industriell gefertigte Pflegeseifen, die zum Händewaschen und zur Körperpflege verwendet werden. Sie sind zunächst von der Herstellungsart her Kernseifen. Erst im Anschluss werden der Seife pflegende Öle, Parfüm- und Farbstoffe zugesetzt.

## FLÜSSIGSEIFE

Die heutigen Flüssigseifen bestehen aus Tensiden; waschaktiven Substanzen, die die Oberflächenspannung herabsetzen. Sie bewirken, dass sich zwei nicht mischbare Substanzen, wie zum Beispiel Öl und Wasser, vermengen. Ihren Einsatz finden sie in Körperpflege- und Reinigungsmitteln. Flüssigseifen sind synthetische, waschaktive Substanzen.

↑ *Gallseife*

## GALLSEIFE

Wenn Kernseife mit Rindergalle vermischt wird, entsteht Gallseife, welche in flüssiger oder fester Form erhältlich ist. Sie findet ihren Einsatz bei hartnäckigen Flecken wie etwa Fett, Obst, Blut etc. Die beste Reinigungswirkung hat sie, wenn der Fleck etwas angefeuchtet und dann mit Gallseife kräftig eingerieben wird. Im Anschluss daran einwirken lassen und in die Waschmaschine geben.

## GLYCERINSEIFE

Glycerinseifen (Transparentseifen) sind durchsichtig bis transparent und waren schon vor 1859 bekannt. Sie haben einen hohen Glycerinanteil und sind leicht zu schmelzen und zu formen. Hier wird als Basis vor allem auf die Transparenz der zu verwendenden Öle und Fette geachtet. Das Gewicht von Glycerinseifen ist geringer als Wasser.

↑ *Rasierseife*

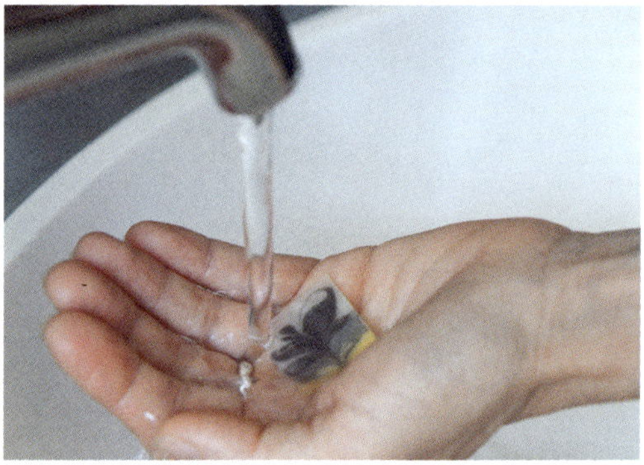

↑ *Papierseife*

### KALKSEIFE

Kalkseife ist keine Seife, sondern wird bei der Verwendung von Seifen mit sehr hartem Wasser gebildet. Dadurch wird die Waschwirkung verringert, und es setzt sich ein grauer Schleier auf den Oberflächen ab. Die Folge ist, dass beim Waschen mehr Seife benötigt wird und eine Vergrauung erkennbar ist. Der Entstehung von Kalkseifen kann mit Enthärtern oder Essig entgegengewirkt werden.

### KERNSEIFE

Die Bezeichnung »Kernseife« oder »Natriumseife« basiert auf dem besonderen Herstellungsverfahren, bei dem aus der kochenden Seifenmasse durch Zusatz von Kochsalz der Seifenkern abgetrennt wird. Glycerin und andere unerwünschte Stoffe bleiben zurück. Auf Duft-und Pflegestoffe wird verzichtet. Kernseife dient als Ausgangsbasis für Feinseifen.

### PAPIERSEIFE

Feinste Seifenstückchen, so dünn wie möglich gehobelt, werden als Papierseife bezeichnet. Sinn und Zweck ist es, dass sie sich rasch auflösen. Ein Stückchen Papierseife reicht für eine Handwäsche.

### RASIERSEIFE

Um den Schaum stabil und cremig zu halten, wird Rasierseife mit einem hohen Anteil an Stearinsäure gefertigt. Stearinsäure wird durch Verseifung von pflanzlichen und tierischen Fetten gewonnen.

Bei der Laugenherstellung einer Rasierseife wird nicht nur Natriumhydroxid, sondern eine Mischung aus Natriumhydroxid und Kaliumhydroxid verwendet. Man spricht hier von einer Mischverseifung. Dadurch lässt sich die Seife besser aufschäumen, der Schaum bleibt stabiler und sehr geschmeidig.

↑ *Handschmierseife mit Bimsstein*

↑ *Schmierseife*

### SANDSEIFE

Der Name Sandseife bezieht sich auf die Verwendung von Sand als Scheuermittel in pastösen Handwaschseifen. Oft wurde auch Holzmehl statt Sand verwendet. Stark verunreinigte Hände werden damit von groben Verschmutzungen wie Ruß, Lacken oder Öl gereinigt. Der Sand wirkt unterstützend als Scheuermittel.

Heute wird anstatt Sand Maismehl zugesetzt. Sandseife ist in Dosen, Tuben und Eimern erhältlich. Eine kleine Menge der Paste wird in der Hand mit etwas Wasser zu einem Brei vermengt. Die Hände werden gut geschrubbt und der Schmutz mit Wasser weggespült.

### SCHMIERSEIFE

Bei Schmierseifen handelt es sich um halb feste, pastöse und besonders milde Seifen. Sie werden im Heißverfahren mit Kaliumhydroxid statt mit Natriumhydroxid hergestellt und sind bekannt als Kaliumseifen. Die Schmierseife wird in Wasser aufgelöst und findet so ihre Anwendung. Die Waschwirkung beruht auf dem Emulgieren von Fett und Wasser auf der zu reinigenden Oberfläche. Schmierseife ist vielfältig einsetzbar und biologisch vollständig abbaubar.

HANDMADE
NATURAL

# Zutaten

# ZUTATEN ALLGEMEIN

*Damit Sie einen Überblick bekommen, erläutere ich nachfolgend die Grundzutaten, die zum Sieden der Seifen in diesem Buch benötigt werden. Auf Fette & Öle gehe ich ausführlicher ab Seite 40 ein.*

← *Öle und Fette bilden die Basis handgesiedeter Seifen*

## ÖLE & FETTE

Im Unterschied zu feinen Gesichts- und Körperseifen greift man bei der Herstellung von Putzseifen meistens auf günstigere Rohstoffe zurück. Die Basisöle und Fette können pflanzlichen oder tierischen Ursprungs sein. Prinzipiell kann alles verseift werden, was ein Öl oder Fett ist, und so gibt es großen Spielraum. Es bieten sich die im Handel in unterschiedlichen Qualitätsstufen verfügbaren Basisfette und -öle wie Raps-, Sonnenblumen- oder Olivenöl an. Alle Qualitätsstufen sind möglich, natürlich kann man bei Haushaltsseifen die günstigere Variante wählen.

## ÄTHERISCHE ÖLE

Selbstverständlich können auch Putzseifen oder daraus hergestellte Waschmittel beduftet werden. Achten Sie beim Kauf darauf, dass es sich um reine ätherische Öle und nicht um synthetische Duftöle handelt. Es gibt unterschiedliche Qualitätsstufen, und wenn die Seife beim Putzen oder Wäschewaschen eingesetzt werden soll, kann ohne Weiteres auf eine günstigere Qualität zurückgegriffen werden.

Zur Beduftung bieten sich Orange, Zitrone, Lavendel, Thymian, Nadeldüfte und Lemongrass an. Sie sind nicht nur wohlriechend, sondern haben auch noch keimtötende und antibakterielle Wirkung. Die Haltbarkeit von ätherischen Ölen ist unterschiedlich. Schalenöle von Zitrusfrüchten haben meistens eine kürzere Haltbarkeit als Lavendel, Thymian oder Nadeldüfte.

## GEFAHRENSTOFF NaOH

» Natriumhydroxid – NaOH – wird als chemischer Gefahrenstoff gelistet und ist hochgradig ätzend. Es ist in der Apotheke, der Drogerie und natürlich auch online in Plättchenform oder als Kügelchen erhältlich.

» NaOH ist hydroskopisch, das heißt »wasseranziehend«, und muss fest verschlossen gelagert werden, um ein »Schwitzen« zu vermeiden.

» Gefahrenstoffe müssen sicher aufbewahrt und gekennzeichnet werden. Sie sind außerhalb der Reichweite von Kindern aufzubewahren.

» Beim Arbeiten mit NaOH ist es notwendig, Schutzbekleidung zu tragen (Handschuhe, Schutzbrille, Mundschutz).

» Luftdicht gelagert ist es fast unbegrenzt haltbar.

### GEFAHRENSTOFF KOH

» Kaliumhydroxid – KOH – wird ebenfalls als chemischer Gefahrenstoff gelistet. Es gelten die gleichen Regeln wie bei der Verwendung von Natriumhydroxid, da er ähnliche Eigenschaften aufweist, sehr ätzend ist und wie NaOH beim Lösen giftige Dämpfe entwickelt.

» Schutzbekleidung ist beim Arbeiten mit diesem Gefahrenstoff unerlässlich.

» Erhältlich in Plättchenform wird Kaliumhydroxid für die Herstellung von pastösen Seifen (Schmierseife), aber auch zur Mischverseifung (NaOH + KOH) verwendet.

» Es muss gut als Gefahrenstoff gekennzeichnet, fest verschlossen gelagert werden.

### WASSER

An und für sich kann jedes Wasser verwendet werden. Von zu kalkhaltigem Wasser rate ich ab, da es die Schaumbildung der Seife negativ beeinflussen kann. Falls Sie in einem Gebiet mit stark kalkhaltigem Wasser leben, können Sie das Wasser abkochen und abkühlen lassen oder stilles Wasser im Handel kaufen. Die teuerste Variante ist destilliertes Wasser.

Anstatt mit Wasser kann man die Lauge auch mit kräftige Teezubereitungen anrühren, um die Seife aufzuwerten! Wichtig ist nur, dass Sie den Tee vor der Verwendung abkühlen lassen und niemals mit heißen Zubereitungen arbeiten. Wie schon im vorigen Kapitel erwähnt, haben Natrium- und Kaliumhydroxid die Eigenschaft, sich beim Lösen auf fast 100 °C zu erhitzen. Wenn die Flüssigkeit selbst bereits heiß ist, beginnt sie nach Beigabe von NaOH bzw. KOH zu kochen und kann übergehen!

### FARBZUSÄTZE

Nach wie vor habe ich einen besonderen Bezug zu natürlichen Farben und verwende ausschließlich Pflanzenfarbstoffe oder Tonmineralien. Obwohl sie nicht immer machen, was ich will, und das Endresultat daher variieren kann, sind für mich diese Farbtöne einfach stimmig, natürlich und harmonisch. Zum Färben bieten sich Tonerden, gemahlene Kräuter, Kohle und Gewürze an.

### GALLE

Die Waschwirkung von Rindergalle beruht auf den stark emulgierenden Eigenschaften, die in den Gallsäuren enthalten sind. Gallenflüssig-

↑ *Harze werden auch in der Naturmedizin eingesetzt*

keit enthält stark waschaktive Enzyme und wirkt hervorragend gegen viele Arten von Schmutz und Flecken.

Da echte Rindergalle schwer erhältlich ist und eine starke Geruchsentwicklung hat, empfehle ich »Ochsengalle«, die Sie im Künstlerbedarf als Fertigprodukt erhalten. Sie wird als Trennmittel in der Malerei verwendet.

### HARZE

Harze in Seifen sind eine Kostbarkeit! Weihrauch und Myrrhe sind wohl die bekanntesten und teuersten Harze und werden schon seit Jahrtausenden von der Menschheit hochgeschätzt. Für einen Baum ist das Harz ein Wundverschluss und ein wertvoller Stoff. Er sollte mit Bedacht entnommen und nur oberflächlich abgetragen werden, um ein erneutes Öffnen der Wunde zu vermeiden.

In der Volksmedizin werden Harze zur Wundheilung eingesetzt. Die Pechsalbe ist eines der bekanntesten überlieferten Naturheilmittel. Sie beschleunigt die Wundheilung, ist entzündungshemmend, antibakteriell und verringert die Narbenbildung.

Am besten selbst bei einem Waldspaziergang gesammelt kann Harz in Seifen, Salben und zum Räuchern verwendet werden. Mehr über Harze und ein Rezept für Harzseife finden Sie ab Seite 122.

↑ *Bimssteinmehl*

↑ *Kaffeeseife*

## BIMSSTEIN

Wunderbar in seiner Scheuerkraft ist Bimsstein. Bis zu 85 % aus Luftporen bestehend ist er sehr leicht und schwimmt auf Wasser. Fein vermahlen ist er ein guter Zusatz, um die Scheuerkraft in einer Seife zu erhöhen und auch hartnäckigen Schmutz zu entfernen.

## SAND

Feiner Sand, am besten vom Meer, eignet sich ebenso wie Bimsstein, um für einen leichten bis starken Peeling-Effekt zu sorgen. Am besten gut durchsieben, denn grobe Sandkörner können zu Kratzspuren führen.

## KAFFEE

Frisch gemahlener Kaffee oder schon verwendeter Kaffeesatz ist ein toller Zusatz, um Gerüche zu absorbieren. Daher verwende ich ihn besonders gerne in Küchenseifen. Die leichte Körnung sorgt für gute Schmutzentfernung.

## STEARINSÄURE

Im Handel als Pulver erhältlich ist Stearinsäure eine gesättigte Carbon- und Fettsäure. Sie ist eine schwache Säure und kommt in vielen pflanzlichen und tierischen Ölen und Fetten vor. Stearinsäure sorgt für einen lang anhaltenden und kräftigen Schaum. Ich verwende sie daher gerne in Rasierseifen.

↑ *Tonerde und verschiedene Öle*

# BASISÖLE, FETTE & WACHSE

*In diesem Kapitel erfahren Sie mehr über die Eigenschaften unterschiedlicher Fette und Öle. Sie bestimmen den Charakter der Seife.*

Aus jeglichen Ölen, Fetten und Wachsen pflanzlichen oder tierischen Ursprungs kann Seife hergestellt werden. Die Auswahl der Basis beeinflusst die Eigenschaften der fertigen Seife enorm. Das Geheimnis einer guten Seife ist der »Fettansatz«. Je nachdem, für welche Fette Sie sich entscheiden, bestimmen Sie die Eigenschaft des Schaums, die Festigkeit und die Oberflächenbeschaffenheit Ihrer Seife. Bezogen auf Seifen zur Körperpflege eignen sich manche Öle besser für eine trockene Haut, andere wieder für eher fettige Haut. Die gewählten Fette sind auch maßgeblich an der »Andickdauer« des Seifenleims beteiligt. Für Haushaltsseifen werden wir eine andere Basis wählen als für pflegende Naturseifen zur Körperreinigung.

↑ *Bienenwachs*

### APRIKOSENKERNÖL

Ein mildes Öl, gewonnen aus den Kernen der Aprikose, das reich an vielen Vitaminen, Mineralien und Ölsäuren ist. Es wirkt hautglättend, beruhigend, nährend und belebend, ist sehr gut hautverträglich und ideal für die Babypflege geeignet.

### AVOCADOÖL

Der hohe Gehalt an unverseifbaren Bestandteilen, Vitamin A, B, C, D, E und H macht dieses Öl zu etwas Besonderem. Das tiefgrüne Öl wirkt der Hautalterung entgegen und findet seinen Einsatz bei trockener, beanspruchter Haut sowie in der Haarpflege. Das Öl ergibt weiche und feuchtigkeitsspendende Seifen.

### BIENENWACHS (LOKAL VERFÜGBAR)

Besitzt wundheilende und entzündungshemmende Wirkung und ist eine herrliche Zutat in jeder Seife. Bienenwachs ist in der Lage, Feuchtigkeit in der Epidermis abzuspeichern. Es beschleunigt die »Andickdauer« des Seifenleims, und man erhält eine feste, ergiebige Seife.

↑ *Kokosfett*

## HANFÖL (LOKAL VERFÜGBAR)

Hanf zählt zu den ältesten Kulturpflanzen, und sein Öl wird aus den Samen (Nüsschen) kalt gepresst, ist reich an essenziellen Fettsäuren und gut für alle Hauttypen geeignet. Es ist ein heilendes und regenerierendes Öl, das sich bei allerlei Hauterkrankungen bewährt hat. Dank der enthaltenen Linolsäuren wirkt es zellerneuernd. Gut geeignet bei trockener, reifer Haut. Es ergibt weiche, hautpflegende und gut schäumende Seifen. Bei hoher Überfettung ist es kein stabiles Öl.

## JOJOBAÖL

Chemisch gesehen ist Jojobaöl eigentlich ein flüssiges Wachs. Es hat die Fähigkeit, die Elastizität der Haut zu erhöhen, und es besitzt hervorragende feuchtigkeitsspendende Eigenschaften. Sehr gut bei normaler bis zu trockener und reifer Haut geeignet. Jojobaöl verbessert die Haltbarkeit und ergibt hautfreundliche Seifen, die sehr gut schäumen.

## DISTELÖL (LOKAL VERFÜGBAR)

Auch als Färberdistelöl bekannt, wird es aus den Samen der distelähnlichen Pflanze gewonnen. Ein goldgelbes Öl, das reich an Linolsäuren ist und schnell einzieht. Gut bei Mischhaut und fettiger Haut geeignet, da es mattierende Eigenschaften besitzt. Distelöl ergibt weiche und feuchtigkeitsspendende Seifen, die wenig Schaum bilden. Bei hoher Überfettung ist es kein stabiles Öl.

## KAKAOBUTTER

Kakaobutter ist das aus den Samen des Kakaobaumes gewonnene Fett, das reich an Stearin- und Palmitinsäuren ist. Sie sorgt für ein weiches Hautgefühl, wirkt feuchtigkeitsspendend und ist ein herrlicher Zusatz für handgesiedete Seifen. Sie ergibt harte, nährende und hautberuhigende Seifen. Da sie alleine kaum Schaum bildet, sollte sie mit schaumbildenden Ölen und Fetten kombiniert werden.

#### KOKOSFETT

Gewonnen aus dem Fruchtfleisch der Kokosnuss hat Kokosfett eine stark schäumende Eigenschaft, die für Seifensieder wesentlich ist. Alleine verwendet ergibt es eine harte Seife, die austrocknend wirken kann. Durch Kombination mit Sonnenblumen- oder Olivenöl erhält man wunderbare Seifen mit stabilem und kräftigem Schaum.

#### MAISKEIMÖL (LOKAL VERFÜGBAR)

Reich an Vitamin E, Mineralstoffen und essenziellen Fettsäuren ist es hautpflegend und für alle Hauttypen verwendbar. Maiskeimöl sollte immer mit stark schäumenden Ölen und Fetten gemischt werden, da es alleine kaum Schaum bildet. Im Vergleich zu Sonnenblumenöl ist es länger haltbar.

#### MANDELÖL

Aus den Kernen der Süßmandel gewonnen ist Mandelöl für jeden Hauttyp, vor allem für empfindliche Haut, bestens geeignet. Reizlindernd und feuchtigkeitsspendend wirkt es besonders trockener Haut entgegen. Mit Mandelöl erhält man milde und gut haltbare Seifen.

#### OLIVENÖL

Ein Klassiker unter den pflanzlichen Ölen mit einem hohen Anteil an ungesättigten Fettsäuren. Reich an Vitaminen und Mineralien

↑ *Die Auswahl der Fettbasis beeinflusst die Eigenschaften der Seife*

eignet es sich wunderbar zum Seifensieden. Es wirkt feuchtigkeitsspendend, entzündungshemmend, heilend und durchblutungsfördernd. Ein hervorragendes Öl, um Kräuterauszüge herzustellen (Ringelblume, Kamille). Olivenölseifen sind mild mit cremigem, dichtem Schaum.

#### RAPSÖL (LOKAL VERFÜGBAR)

Ein lokal verfügbares und kostengünstiges Öl zum Seifensieden. Reich an Vitamin E und K, Carotinoiden und Lecithinen hält es die Haut weich und geschmeidig und unterstützt die Feuchtigkeitsregulierung. Rapsöl schützt vor freien Radikalen und vorzeitiger Hautalterung.

↑ *Im Kaltverfahren werden feste Fette zuerst geschmolzen*

### RIZINUSÖL

Ein transparentes, sehr zähflüssiges Öl, das in der Lage ist, Wasser aufzunehmen, um es in der Epidermis abzuspeichern. Rizinusöl ist sehr hautpflegend und hat schaumbildende Qualitäten. In hohen Mengen beschleunigt es das Andicken des Seifenleims und ergibt eine sehr weiche Seife. Daher empfiehlt es sich, dieses Öl mit festen Fetten zu kombinieren.

### SESAMÖL

Reich an ungesättigten Fettsäuren, Vitamin E, Lecithinen und Mineralien eignet es sich sehr gut zum Seifensieden. Es zieht schnell ein, macht die Haut weich, geschmeidig und wirkt regenerierend. Sehr gut bei stark beanspruchter und trockener Haut.

### SHEABUTTER

Gewonnen aus den Nüssen des afrikanischen Sheabaums hat Shea besonders rückfettende und nährende Qualitäten. Zusätzlich enthält sie unverseifbare Stoffe, die unverändert in der Seife verbleiben. Sie sorgt für Festigkeit in der Seife und eignet sich für trockene, empfindliche und beanspruchte Haut.

### SONNENBLUMENÖL (LOKAL VERFÜGBAR)

Kostengünstig, regional verfügbar ist Sonnenblumenöl immer eine gute Wahl für Seifen. Reich an essenziellen Fettsäuren und Vitamin E wirkt es gegen Austrocknung der Haut und schützt sie vor Umwelteinflüssen. In hoher Dosierung und bei einer hohen Rückfettung verkürzt sicht die Haltbarkeit der Seife.

# VERSEIFUNGSTABELLE

| Name | INCI | NaOH | KOH |
|---|---|---|---|
| Aprikosenkernöl | Prunus Armeniaca Kernel Oil | 0,135 | 0,189 |
| Arganöl | Argania Spinosa Kernel Oil | 0,136 | 0,191 |
| Avocadoöl | Persea Gratissima Oil | 0,1335 | 0,187 |
| Bienenwachs (natur) | Cera Alba | 0,069 | 0,094 |
| Distelöl | Carthamus Tinctorius (Safflower) Oil | 0,1355 | 0,19 |
| Erdnussöl | Arachis Hypogaea Oil | 0,1355 | 0,19 |
| Hanföl | Cannabis Sativa Seed Oil | 0,1345 | 0,189 |
| Jojobaöl | Simmondsia Chinensis Oil | 0,066 | 0,093 |
| Kakaobutter | Theobroma Cacao Seed Butter | 0,137 | 0,194 |
| Kokosfett | Cocos Nucifera Oil | 0,183 | 0,257 |
| Maiskeimöl | Zea Mays Oil | 0,136 | 0,191 |
| Mandelöl | Prunus Amygdalus Dulcis Oil | 0,1365 | 0,191 |
| Mohnöl | Papaver Somniferum Seed Oil | 0,1383 | 0,194 |
| Olivenöl | Olea Europaea Fruit Oil | 0,1345 | 0,189 |
| Palmöl | Elaeis Guineensis Oil | 0,1405 | 0,197 |
| Rapsöl | Brassica Campestris Oleifera Oil | 0,1354 | 0,19 |
| Reiskeimöl | Oryza Sativa Oil | 0,1345 | 0,189 |
| Rizinusöl | Ricinus Communis Seed Oil | 0,1286 | 0,18 |
| Sesamöl | Sesamum Indicum Seed Oil | 0,1376 | 0,193 |
| Sheabutter | Butyrospermum Parkii Butter | 0,1282 | 0,18 |
| Sojaöl | Glycine Soja Oil | 0,1355 | 0,19 |
| Sonnenblumenöl | Helianthus Annuus Seed Oil | 0,135 | 0,189 |
| Stearinsäure | Stearic Acid | 0,146 | 0,205 |

(Alle Angaben ohne Anspruch auf Richtigkeit, Benutzung auf eigene Gefahr.)

# Arbeitsschritte und Techniken

# SEIFENSIEDEN SCHRITT FÜR SCHRITT

*Die Arbeitsschritte sind für fast alle Seifen ähnlich. In diesem Kapitel lesen Sie das Wichtigste über die Herstellung von Seife.*

← *Ätznatron exakt abwiegen*

## ERSTE SCHRITTE

Bevor Sie sich an die Arbeit machen, decken Sie Ihre Arbeitsfläche mit Zeitungspapier oder einer Folie ab. Wenn es rasch gehen muss, verwende ich einen aufgeschnittenen Müllsack, um die Arbeitsfläche vor Laugenspritzern zu schützen. Die meisten Hobby-Seifensieder arbeiten in ihrer Küche, und niemand will eine auf Dauer beschädigte Arbeitsplatte. Eine griffbereite Flasche Essig hat sich oft bewährt, um Seifenleim oder Laugenspritzer rasch zu neutralisieren.

Nehmen Sie sich Zeit für das Seifensieden, lassen Sie Ihrer Kreativität freien Lauf. Sorgen Sie für Ruhe, Kinder und Haustiere haben beim Seifensieden keinen Platz. Gönnen Sie sich eine kreative Auszeit!

## SEIFENFORMEN

Silikonformen eignen sich wunderbar zum Seifensieden. Sie sind leicht zu reinigen und zu entformen. Kunststoffformen sollten vorab mit Öl eingepinselt werden, um ein zu starkes Haften des Seifenleims zu verhindern. Holzformen können mit Butterbrotpapier ausgelegt werden. Bereiten Sie Zuschnitte vor und halten Sie Frischhaltefolie aus Kunststoff zum Abdecken der Seife bereit. Ausführlicher gehe ich auf den Seiten 26/27 auf Seifenformen ein.

## ZUBEREITUNG DER BASISFETTE

Als Erstes werden die festen Fette des Rezeptes (z. B. Kokosfett, Kakaobutter) bei niedriger Temperatur unter gelegentlichem Umrühren geschmolzen. Den Topf vom Herd nehmen und die flüssigen Öle beimengen. Kontrollieren Sie mit einem Thermometer die Temperatur der Basisfette. Wir streben 40–45 °C an. Das ist die optimale Temperatur, um die Lauge mit der Basisfettmenge zu vermischen.

## ZUBEREITUNG DER LAUGE

Beginnend mit der Zubereitung der Lauge, ist es notwendig, Sicherheitsvorkehrungen zu treffen. Ziehen Sie sich feste Haushaltshandschuhe, Schutzbrille und Schürze an. Sorgen Sie für gute Durchlüftung. Ist Ihnen das nicht möglich, ist zusätzlich ein Mundschutz erforderlich. Die Schutzbekleidung ist den ganzen Arbeitsprozess über, so lange, bis der fertige Seifenleim in den Formen ist, zu tragen.

Wiegen Sie die Wassermenge nach Rezept in einem für die Menge passenden, hitzebeständigen Gefäß ab. Wenn Sie anstatt Wasser Tee verwenden möchten, muss dieser abgekühlt sein.

Wiegen Sie die Natriumhydroxid-Menge nach Rezept ab. Vermeiden Sie beim Umleeren »Staubentwicklung«. Falls Sie Natriumhydroxid-Kristalle verschütten, entfernen Sie diese umgehend von der Arbeitsfläche. Achten Sie auf ein festes Verschließen des Natriumhydroxid-Behälters.

## CHECKLISTE

**Arbeitsschritte im Überblick**

**1.** Arbeitsplatz und Seifenformen vorbereiten

**2.** Zubereitung der Basisfette: feste Fette schmelzen, Öle beimengen. Zieltemperatur: 40–45 °C

**3.** Schutzkleidung anziehen und Schutzbrille aufsetzen

**4.** Lauge herstellen und auf 40–45 °C abkühlen lassen. Wichtig: NaHO genau abwiegen! Natriumhydroxid wird ins Wasser geleert, niemals umgekehrt!

**5.** Weitere Zutaten abwiegen

**6.** Zutaten mischen. Wichtig: Basisfette und die Lauge haben eine Temperatur zwischen 40–45 °C. Die Lauge wird nun in die Basisfettmenge gerührt, niemals umgekehrt!

**7.** Seifenleim in Formen gießen und gut isolieren. Arbeitsgeräte reinigen

**8.** Ausgehärtete Seife aus der Form lösen. Seife schneiden und mindestens 4 Wochen trocknen

Natriumhydroxid wird ins Wasser geleert (niemals umgekehrt!). Rühren Sie die Flüssigkeit so lange, bis sich alle Kristalle aufgelöst haben. In diesem Prozess erwärmt sich das Wasser auf bis zu 100 °C, knapp unter dem Siedepunkt. Dabei entstehen giftige Dämpfe, die nicht eingeatmet werden dürfen.

Falls Sie sich nicht sicher sind, ob alle Kristalle gelöst sind, können Sie die Lauge abseihen.

Die Lauge muss nun abkühlen. Sie können sie einfach stehen lassen oder das Abkühlen beschleunigen, indem Sie das Laugengefäß in ein kaltes Wasserbad stellen. Achten Sie darauf, dass Sie mit der Lauge keine langen Wege haben. Sie können, schon bevor Sie mit der Lauge beginnen, in Arbeitsnähe ein passendes Gefäß mit kaltem Wasser bereitstellen.

### WEITERE ZUTATEN

Während die Basisfette und die Lauge abkühlen, wiegen Sie sämtliche Duft-, Farb- und Füllstoffe nach Rezept ab. Sie sollten griffbereit sein, wenn der Seifenleim eine Spur bildet.

### SEIFENHERSTELLUNG

Wenn die Basisfette und die Lauge eine Temperatur von 40–45 °C erreicht haben, wird die Lauge vorsichtig, um Spritzer zu vermeiden, in die Basisfettmenge geleert (niemals umgekehrt!).

Verbinden Sie die Lauge durch Rühren mit der Fettmenge. Jetzt kommt der Stabmixer zum Einsatz. Achten Sie darauf, den Stabmixer am Boden des Topfes zu halten, bevor Sie einschalten. So können Spritzer vermieden werden.

↑ *Feste Basisfette schmelzen und Öle beimischen*

↑ *NaOH in Wasser leeren, niemals umgekehrt*

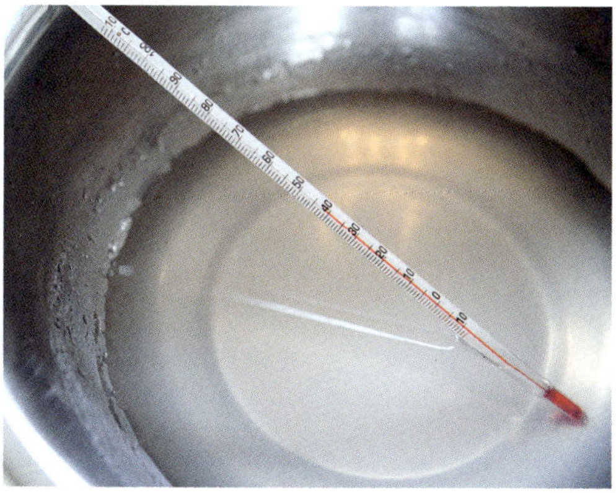

↑ *Lauge und Fette auf Temperatur bringen*

↑ *Die Lauge zu den Basisfetten geben, niemals umgekehrt*

↑ *Fette und Lauge zu Seifenleim aufmixen*

↑ *Seifenleim in die Form gießen*

Um eine Überhitzung des Stabmixeres zu verhindern, können Sie ihn zwischendurch ausschalten und händisch weiterrühren.

Sie werden bemerken, dass sich die Farbe und die Konsistenz des Seifenleims verändern. Er wird von dünnflüssig-durchsichtig zu dicklich-undurchsichtig. Die Seife ist fertig, wenn Sie den Stabmixer aus dem Leim ziehen und die herabfallenden Tropfen auf der Oberfläche zu sehen sind. Man spricht von einer »Spurenbildung« am Seifenleim.

Nun muss zügig gearbeitet werden, die ätherischen Öle, Farb- und Füllstoffe müssen hinzugefügt werden. Der Seifenleim dickt immer weiter an.

Die Rohseife kann jetzt in die vorbereitete(n) Form(en) gegossen werden. Decken Sie die Form mit einer Frischhaltefolie aus Kunststoff oder mit Butterbrotpapier ab. So kann die Bildung von Sodaasche verhindert werden. Um viel Wärme zu gewährleisten, decken Sie die Form rasch mit alten Handtüchern zu.

## REINIGEN DER ARBEITSGERÄTE

Um eine starke Verschmutzung der Spüle und Rohre zu vermeiden, ist es ratsam, sämtliche Arbeitsgeräte zunächst sorgfältig mit Küchenpapier zu reinigen. Der frische Seifenleim im Topf und auf den Arbeitsgeräten hinterlässt viel Ölschlieren in der Spüle, ohne vorheriges Abwaschen benötigen Sie fast die doppelte Menge an Spülmittel.

## ENTFORMEN

Wenn Ihre Seife ausgehärtet ist, kann sie entformt werden. Bei kleinen Einzelformen fällt das Schneiden weg. Haben Sie sich für eine große Blockform entschieden, müssen Sie Ihre Seifen schneiden. Oft wird mir die Frage gestellt, wann denn der richtige Moment für das Schneiden einer Seife ist. Das kann je nach Rezeptur unterschiedlich sein. Manchmal benötigt eine Seife 2 Tage zum Entformen, manchmal kann es aber auch 5 Tage dauern, bis sie fest ist, das hängt von der Wahl Ihrer Basisöle ab. Üben Sie etwas Druck auf die Seifenoberfläche aus. Ist keine Druckstelle mehr zu sehen, kann die Seife entformt werden und ist hart genug. Seifen mit Bienenwachs und einem hohen Anteil an festen Fetten härten rascher aus als vegane Seifen oder Seifen mit einem hohen Anteil an flüssigen Ölen.

Zum Schneiden können Sie ein scharfes Messer, einen Metallspachtel oder einen Schneidedraht verwenden.

## TROCKNEN

Die geschnittenen Seifenstücke müssen nun 4 Wochen trocknen. Dazu legt man sie auf Butterbrotpapier in einen gut durchlüfteten Raum. Mehrmals wenden ermöglicht ein gleichmäßiges Trocknen der Seife. Das Wasser in der Seife verflüchtigt sich und der pH-Wert der Seife sinkt in der Trockenzeit. Überprüfen Sie nach der Trockenzeit den pH-Wert Ihrer Seife mit in der Apotheke erhältlichen Teststreifen. Der pH-Wert von handgesiedeten Seifen liegt im basischen Bereich und beträgt zwischen 8–9.

↑ *Mit Raffiabast lassen sich Seifen hübsch verpacken*

## LAGERN

Nach der Reifephase werden die Seifen lichtgeschützt und bei Raumtemperatur (eher kühl als zu warm) gelagert. Wenn Sie ausschließlich natürliche Farbstoffe und ätherische Öle verwenden, ist es wichtig, die Seifen keiner Wärme und Licht auszusetzen. Die natürlichen Farben verblassen und die ätherischen Öle verflüchtigen sich rasch bei Wärme. Die fertigen Seifenstücke werden am besten kühl, trocken und dunkel gelagert.

## VERPACKEN

Auch beim Verpacken sind der Kreativität keine Grenzen gesetzt. Ich persönlich bevorzuge natürliche Materialien wie Papier, Stoff, Pappe oder kleine Körbe. Sie unterstreichen das Natürliche einer handgesiedeten Seife. Wichtig ist, dass die Seife »atmen« kann. Wenn sie fest in Plastikfolie gewickelt ist, könnte es sein, dass sie zu »schwitzen« beginnt, das würde die Haltbarkeit Ihrer Seife erheblich verkürzen. Bevor Sie Ihre Seifen verpacken, sollten Sie die volle Dauer der Reifezeit abwarten. Baumwollbänder oder Raffiabast bilden einen hübschen Abschluss Ihrer Seifenverpackung. Mit einem handgeschriebenen Etikett wird Ihre Seife zu einem exklusiven Geschenk!

# REZEPTUREN SELBST BERECHNEN

*Wenn Sie schon Erfahrung haben, können Sie
Ihre eigenen Rezepturen berechnen. Es sieht sehr komplex aus,
mit etwas Übung gelingt es aber.*

*← Am besten immer zweimal nachrechnen!*

Im Internet gibt es eine Vielzahl an Rezepturen zum Nachmachen und Probieren. Vielleicht möchten Sie aber die ein oder andere Zutat weglassen oder ergänzen?

Dazu ist es notwendig, die Berechnung des Wertes von Natriumhydroxid oder Kaliumhydroxid in einer Rezeptur zu verstehen. Rezepturen selbst zu berechnen bietet Ihnen die Möglichkeit, Ihre Seife individuell zu gestalten, sie ganz auf Ihre persönlichen Bedürfnisse abzustimmen.

Zuerst sollten Sie überlegen, wie viel Seife Sie sieden und vor allem, welche Fette und Öle (Eigenschaften siehe Seite 40 ff.) Sie verwenden möchten. Danach wird, den Fetten/Ölen entsprechend, die für die Verseifung notwendige Menge an Natriumhydroxid oder Kaliumhydroxid und die notwendige Wassermenge errechnet. Das hört sich komplizierter an, als es ist. Es wird nach einfachen Grundregeln vorgegangen.

Stellen Sie sich Folgendes vor: Jedes Öl benötigt eine gewisse Menge bzw. Konzentration einer Lauge, um zu verseifen. So wie jedes Öl seine unterschiedlichen Eigenschaften und Qualitäten besitzt, hat jedes Öl auch eine eigene Verseifungszahl. Diese finden Sie in der Verseifungstabelle (siehe Seite 45).

Falls Sie in der Verseifungstabelle im Buch das ein oder andere Öl bzw. Fett nicht finden, bietet das Internet eine große Auswahl an Verseifungstabellen und Seifenrechnern. Im Seifenrechner können Sie Ihre gewünschte Öl- oder Fettmenge eingeben und bekommen die Menge des notwendigen Natriumhydroxid- oder Kaliumhydroxid-Wertes.

Bei der Errechnung der Natriumhydroxid- oder Kaliumhydroxid-Menge ist große Genauigkeit erforderlich. Wenn der Wert falsch und zu hoch berechnet wird, kann es zu Hautreizungen kommen. Die Seife ist dann im stark alkalischen Bereich und nicht für die Haut geeignet! Fällt der Wert zu niedrig aus, hat das zur Folge, dass die Seife zu weich bleibt, sich nicht aus der Form lösen lässt und sich nicht genügend in »Seife« umwandelt.

### BEISPIEL NaOH-MENGE ERRECHNEN

Meine Wunschmenge ist eine feste Seife im Kaltverfahren mit 500 g, deren Zusammensetzung 250 g Olivenöl, 150 g Kokosfett und 100 g Kakaobutter ist. Ich rechne nun wie folgt und nehme die Verseifungszahl der jeweiligen Öle und Fette aus der Verseifungstabelle:

| | | | |
|---|---|---|---|
| 250 g Olivenöl | x 0,134 | = | 33,50 g |
| 150 g Kokosfett | x 0,183 | = | 27,45 g |
| 100 g Kakaobutter | x 0,137 | = | 13,70 g |
| **Gesamte NaOH-Menge** | | **=** | **74,65 g** |

Somit würden wir für die oben genannten Fette eine Gesamtmenge von 74,65 g NaOH benötigen, um alle Öle und Fette 100 % zu verseifen. Unsere gesiedete Seife wäre dann allerdings ohne Pflege, eine reine Seife und würde unsere Haut auf Dauer austrocknen. Daher bietet sich die Möglichkeit an, entweder die Natriumhydroxid-Menge zu reduzieren oder den Fettgehalt zu erhöhen.

## RÜCKFETTUNG

Der Natriumhydroxid-Wert kann um bis zu 10 % reduziert werden, und der gewählte Prozentsatz auf die Öle bzw. Fette bezogen verseift dann nicht, sondern bleibt in der Seife als Pflege für unsere Haut zurück. Man spricht von einer »Rückfettung« in einer Seife.

**Variante 1: NaOH-Menge reduzieren**
Zurück zu unserem Beispiel: Wir haben für unser Wunschrezept 74,65 g Natriumhydroxid für eine hundertprozentige Verseifung errechnet. Da ich eine besondere, pflegende Seife möchte, wähle ich 10 % Rückfettung für meine Seife, reduziere das NaOH also um 10 % und rechne wie folgt:

74,65 g x 0,90 = 67,185 g NaOH

Somit ist die tatsächliche Beigabe der Menge an Natriumhydroxid nun nur abgerundet 67 g anstatt 75 g. Die Rückfettung beträgt 10 %.

**Variante 2: Öl-/Fettmenge erhöhen**
Eine andere Möglichkeit ist es, den Natriumhydroxid-Wert bei 100 % zu belassen und die Öl- oder Fettmenge um 10 % zu erhöhen. Diese Methode bietet sich an, wenn ich mit besonders kostbaren Ölen und Fetten wie Avocadoöl, Jojobaöl, Wildrosenöl oder selbst gemachten Kräuterauszügen arbeiten möchte. Diese werden jedoch erst nach dem Andicken des Seifenleims und nicht gleich in der Basis beigemengt.

Bei unserer Rezeptur sind es 10 % gewünschte Rückfettung, die sich auf die Gesamtfettmenge bezieht (GFM), also 500 g. Die gesamte NaOH-Menge bleibt aufgerundet 75 g (100 %). Die gesamte Fettmenge von 500 g x 10 % ergibt 50 g zusätzliche Öle für die Rückfettung. Wir geben bei dieser Variante nach dem Andicken des Seifenleims die errechneten 50 g pflegender Öle bzw. Fette hinzu. Dies hat den Vorteil, dass wir die Rückfettung gezielt bestimmen können. Bei der ersten Variante mit der Reduktion des Natriumhydroxids um 10 % erhalten wir eine Rückfettung aller Basisöle, bei der zweiten Variante eine zehnprozentige Rückfettung unserer ausgewählten Öle/Fette.

Diese Vorgehensweise der Berechnungen wird genauso bei der Herstellung von pastösen Seifen angewendet. Allerdings werden statt der Verseifungszahlen für NaOH die Verseifungszahlen für KOH verwendet (siehe Verseifungstabelle Seite 45).

## FLÜSSIGKEITSMENGE

Die Rezeptur ist jetzt schon fast fertig, die Öle ausgewählt, der notwendige Natriumhydroxid-Wert berechnet. Es fehlt nur noch die Flüssigkeitsmenge für die Lauge. Der Richtwert liegt bei 30–35 % der Gesamtfettmenge (GFM).

Bei unserem Beispiel ist die Gesamtfettmenge 500 g. Wir möchten zum Beispiel 30 % Flüssigkeit und rechnen wie folgt:

500 g x 0,30 = 150 g Wasser

Wenn bei Rezepten ein hoher Anteil an festen Fetten oder Wachsen verwendet wird, ist es sinnvoll, die Wassermenge auf 35 % zu erhöhen. Dadurch bleibt der Seifenleim flüssiger und erleichtert das Eingießen in die Formen.

Je höher der Wasseranteil in einer Seife, umso weicher wird sie im Anschluss sein. Der Trocknungsprozess und das Entformen werden daher länger dauern.

# EXKURS: MISCHVERSEIFUNG

Von einer Mischverseifung spricht man, wenn für die Laugenherstellung Natriumhydroxid und Kaliumhydroxid in einem bestimmten Mischverhältnis zueinander verwendet werden. Der Grund dafür ist, dass Seifenstücke mit Mischverseifung einen wunderbaren cremigen und stabilen Schaum ergeben. Das ist besonders bei Rasierseifen erwünscht. Auch bei Salzseifen, die kaum schäumen und sehr hart sind, wird die Mischverseifung gerne angewendet.

Das Verhältnis kann unterschiedlich angesetzt werden, zum Beispiel 80:20 oder 70:30 Natriumhydroxid zu Kaliumhydroxid. Je höher der Anteil an Kaliumhydroxid, umso weicher wird die Seife. Rasierseifen werden oft im Verhältnis 50:50 gesiedet. Bei diesem Verhältnis entsteht meiner Erfahrung nach eine pastöse, aber recht feste Seife.

Mittlerweile gibt es online auch Seifenrechner für Mischverseifungen. Dort gibt man die gewünschte Menge an Ölen und Fetten sowie den gewünschten Prozentsatz von NaOH und KOH ein und erhält die exakte Mengenangabe für die Lauge. **Mein Tipp:** *www.handmade-by-kathrin.de/soap/calc/*.

Für alle diejenigen, die selbst berechnen wollen, wird vorab die gesamte Basisfettmenge mit den Verseifungszahlen von NaOH errechnet. Für KOH gibt es für jedes Öl und Fett auch Verseifungszahlen. Um die Berechnung zu vereinfachen, kann man für alle Öle und Fette einen Mittelwert anwenden: Er beträgt 1,40272 bezogen auf den NaOH-Wert.

↑ *Rasierseife wird mischverseift*

Für einen stabilen Schaum sorgt die Beigabe von Stearinsäure. Sie wird mit den festen Fetten geschmolzen und muss bei der Laugenberechnung berücksichtigt werden. Die Verseifungszahl von Stearinsäure ist 0,146 für NaOH und 0,205 für KOH. Stearinsäure sollte maximal 5 % bezogen auf die Gesamtfettmenge betragen.

**BEISPIEL MISCHVERSEIFUNG**

Rasierseife mit 13 % Rückfettung, Mischverseifung 50:50

Gesamtfettmenge 470 g

| | | | | | |
|---|---|---|---|---|---|
| 100 g Olivenöl: | 100 | x | 0,134 | = | 13,40 |
| 50 g Mandelöl: | 50 | x | 0,136 | = | 6,80 |
| 50 g Jojobaöl: | 50 | x | 0,066 | = | 3,30 |
| 50 g Rizinusöl: | 50 | x | 0,128 | = | 6,40 |
| 150 g Kokosfett: | 150 | x | 0,183 | = | 27,45 |
| 50 g Sheabutter: | 50 | x | 0,128 | = | 6,40 |
| 20 g Stearinsäure: | 20 | x | 0,146 | = | 2,92 |
| **100 %** | | | | = | **66,67 g NaOH** |

Weitere Zutaten: 165 g Wasser (35 % der GFM)

**1) Berechnung Natriumhydroxid unter Berücksichtigung der Rückfettung**

66,67 g Natriumhydroxid bei 100 % Verseifung

66,67 x 0,9 = **60,003 NaOH**

abgerundet 60 g Natriumhydroxid bei einer zehnprozentigen Rückfettung

**2) Berechnung Kaliumhydroxid bezogen auf die Gesamtfettmenge**

100 % der Menge an Natriumhydroxid x Einheitswert für alle Öle und Fette bei KOH

66,67 x 1,40272 = **93,519 g KOH**

Da in der Regel das im Handel erhältliche Kaliumhydroxid nicht zu 100 % rein ist, ist es notwendig, das in unserer Berechnung zu berücksichtigen. Der Reinheitsgrad steht auf der Verpackung, zum Großteil beträgt er 90 %. Daher lautet die Rechnung wie folgt:

**3a) Berücksichtigung der Reinheit bei 90 % von KOH (siehe Verpackung)**

93,519 x 0,9 = **84,167 g KOH**

**3b) Berücksichtigung der Überfettung 3 %**

84,167 x 0,97 = **81,641 g KOH**

aufgerundet 82 g Kaliumhydroxid bei einer dreiprozentigen Rückfettung.

**4a) Berechnung Mischverhältnis bei einer Mischverseifung von 50:50**

Menge an Natriumhydroxid inklusive 10 % Rückfettung = 60 g NaOH

Menge an Kaliumhydroxid inklusive 3 % Rückfettung = 82 g KOH

60,003 g NaOH x 0,5 = 30,001 g NaOH, gerundet 30 g NaOH

81,641 g KOH x 0,5 = 40,820 g KOH, gerundet 41 g KOH

Bei einer Mischverseifung von 50:50 Natriumhydroxid zu Kaliumhydroxid benötigt man für die Lauge daher 30 g NaOH und 41 g KOH.

**4b) Beispiel Mischverseifung 70 NaOH:30 KOH**

60,003 g NaOH x 0,7 = 42,002, gerundet 42 g NaOH

81,641 g KOH x 0,3 = 24,492, gerundet 24 g KOH

Bei einer Mischverseifung von 70:30 Natriumhydroxid zu Kaliumhydroxid benötigt man für die Lauge daher 42 g NaOH und 24 g KOH.

## PROBLEME

Aus Fehlern lernt man. Auch wenn sorgfältig gearbeitet wird, kann es passieren, dass sich der ein oder andere Fehler einschleicht. Kontrollieren Sie vorab Ihre Rezeptur und die Berechnung aller Rohstoffe. Ist Ihre Waage richtig eingestellt? Haben Sie alle Rohstoffe beigemengt? Hier finden Sie ein paar Hinweise, die eine Hilfestellung bei Problemen sein können:

### ZU WEICHE SEIFE

Kontrollieren Sie die Wasser- und Ölmenge in Ihrer Rezeptur. Wenn diese korrekt berechnet sind, könnte es sein, dass der Natriumhydroxid-Wert zu gering war. Wenn Sie sich sicher sind, keine Fehler gemacht zu haben, lassen Sie die Seife ein paar Wochen in der Form, wenn sie aushärtet, kann sie auch verwendet werden. Wann immer Sie sich unsicher sind, machen Sie einen pH-Wert-Test, um auf der sicheren Seite zu sein.

### ZU HARTE SEIFE

Entweder wurde zu viel Natriumhydroxid oder zu wenig Wasser verwendet. Die Seife ist extrem hart und bröselig und nicht zu verwenden. Machen Sie einen pH-Wert-Test!

### DIE SEIFE DICKT NICHT AN

Das Andicken hängt immer von den Basisölen und Fetten ab. Dies kann von unterschiedlicher Dauer sein. Wenn Sie sich nicht beim Abwiegen geirrt haben, üben Sie sich in Geduld und rühren einfach weiter. Mit einem Stabmixer sollte nach 15–30 Minuten eine Spurbildung sichtbar sein.

↑ *Salz auf der Seife*

### WEISSE SCHICHT AN DER OBERFLÄCHE

Oft bildet sich an der Seifenoberfläche eine weißliche Schicht, sie wird Sodaasche genannt. Dies passiert, wenn kalte Luft auf die warme Seifenmasse trifft. Diese Schicht schmälert die Qualität der Seife in keiner Weise, sondern ist eine Begleiterscheinung einer

↑ *Zu harte Seife lässt sich nicht schneiden*

natürlichen Seife. Sie können die Sodaasche einfach abhobeln. Wenn Sie die Bildung von Sodaasche vermeiden möchten, decken Sie die Seife rasch nach dem Eingießen mit einer Plastikfolie oder Butterbrotpapier ab. Sie können die Oberfläche, um sie vor Sodaasche zu schützen, auch mit Alkohol besprühen.

### KRISTALLE IN DER SEIFE

Sorgfalt ist das oberste Gebot beim Seifensieden! Wenn Sie in Ihrer Seife weiße kristallähnliche Stückchen finden, kann es sich dabei um nicht aufgelöste Natriumhydroxid-Teilchen handeln oder um einen zu hohen Anteil an Natriumhydroxid in der Seife. Wahrscheinlich haben Sie nicht lange genug gerührt, und es hat sich nicht vollständig im Wasser aufgelöst. Vorsicht ist geboten, in diesem Falle ist die Seife ätzend und muss leider entsorgt werden. Unbedingt einen pH-Wert-Test machen!

### DIE SEIFE LÖST SICH NICHT AUS DER FORM

Wenn Sie eine Silikonform gewählt haben, sollte es keine Schwierigkeiten beim Entformen der Seife geben. Haben Sie Kunststoffbecher genommen und nicht gut genug eingefettet, kann es sein, dass sich die Seife nur schwer aus der Form löst. Versuchen Sie es,

↑ *Verfärbungen der Seife am Rand*

indem Sie die Seife für ein paar Stunden ins Gefrierfach stellen. Sie zieht sich zusammen, schrumpft und erleichtert im Anschluss das Entformen. Die Seife wird bei Raumtemperatur zu »schwitzen« beginnen. Mit Küchenpapier immer wieder trocken tupfen.

## VERFÄRBUNGEN AUF DER SEIFE

Orange Punkte und auch feuchte Stellen auf der Oberfläche deuten auf ein Ranzigwerden der Seife hin. Spätestens der Geruch bestätigt diesen Verdacht. Dies kann unterschiedliche Gründe haben. Eine unkorrekte, zu warme Lagerung, eine zu hohe Rückfettung in der Seife oder die Wahl von Basisölen, die nicht allzu lange haltbar sind. Am besten, Sie überarbeiten Ihre Rezeptur und brauchen die Seifenstücke rasch auf. Um das Ranzigwerden zu verlangsamen, können Sie Ihre Seifen auch einfrieren.

# Schmierseife

# SCHMIERSEIFE

*Schmierseife ist ein Allroundtalent. In diesem Kapitel lesen Sie über die verschiedenen Anwendungsmöglichkeiten. Rezepte finden Sie ab Seite 74.*

## WISSENSWERTES

Noch vor gar nicht allzu langer Zeit gab es nur zwei Produkte, die zur Reinigung von Körper und Haushalt eingesetzt wurden: Kernseife in fester Form und Schmierseife.

Die ersten Niederschriften dazu gibt es bereits vor 1859. Die Schmierseife war bekannt als »Grüne Seife«. Sie wurde aus Pottasche, Talg, Rapsöl, Leinöl und Hanföl – die lokal verfügbar waren – zubereitet. Der Name »Grüne Seife« ist auf die grüne Farbe des Hanföls zurückzuführen, welches für die Grünfärbung der Seite verantwortlich war. Damals wurde »Grün« nicht in einen Zusammenhang mit der guten, ökologischen Abbaubarkeit der Seife gebracht.

Heute wird für die Lauge statt Pottasche Kaliumhydroxid verwendet, Schmierseife wird als »Kaliumseife« bezeichnet. Im Gegensatz zu einer Verseifung mit Natriumhydroxid in der Lauge bleiben Kaliumseifen weich und haben einen pastösen Charakter. Seifen, die mit Natriumhydroxid in der Lauge verseift werden, sind sogenannte »Natriumseifen«. Durch die festen Natriumsalze der höheren Fettsäuren bleiben diese Seifen fest.

Bis ins 20. Jahrhundert blieb die Schmierseife neben der Kernseife das wichtigste Reinigungsmittel für den gesamten Haushalt. Der Alleskönner Schmierseife wurde für die Reinigung von Böden, Bad, Fenster, Wäsche und für den Körper eingesetzt, um nur einige Anwendungsgebiete zu nennen.

Danach verschwand sie, um von einer Vielzahl an chemischen Reinigungsmitteln ersetzt zu werden. Die heutigen Wasch- und Reinigungsmittel, meist in großen Hartplastikverpackungen, enthalten viele schädliche und versteckte Inhaltsstoffe wie Silikone, Weichmacher und synthetische Düfte. Abgesehen vom Plastikmüll, der durch die Verpackungen als Mikroplastik seinen Weg in die Meere gefunden hat, sind diese chemischen Reinigungsmittel schwer abbaubar. Kläranlagen können die Rückstände nicht filtern, und Gewässer werden stark verunreinigt.

Zugunsten unserer Sauberkeit haben wir die letzten Jahrzehnte den Planeten Erde rücksichtslos verschmutzt.

Synthetische Reinigungsmittel beinhalten zudem bedenkliche Stoffe, die Hautirritationen und Allergien auslösen können. Viele sind als Gefahrenstoff gekennzeichnet und belasten uns und unsere Umwelt.

Schmierseife, Kernseife und Gallseife sind altbewährte Hausmittel, sie sind sehr ergiebig, hautfreundlich und enthalten keine versteckten chemischen Stoffe. Sie sind zu [illegible] % biologisch und rasch abbaubar, umweltschonend und kostengünstig. Der vielseitige Einsatz spricht für sich!

## VERWENDUNG – ALLESKÖNNER SCHMIERSEIFE

Nur wenige wissen, wie umfangreich der Einsatz von Schmierseife sein kann. Hier werden wir auf die Verwendung des Alleskönners näher eingehen.

↑ *Verdünnt lässt sich Schmierseife vielfach einsetzen*

## Holzböden, Küche & Bad

Schmierseife verdünnt in warmem Wasser ist ein wunderbares Reinigungsmittel für Echtholzböden, Küche und Bad. Sie entfernt mühelos Schmutz, und der gute Nebeneffekt ist, dass sie Oberflächen wasser- und staubabweisend macht.

Holzböden beginnen mit Schmierseife wieder zu glänzen und erhalten neben Reinigung auch noch Pflege. Ausnahme sind Laminatböden und Linoleum, hier sollte ein dem Produkt entsprechendes Reinigungsmittel verwendet werden.

*Dosierung*: Bei der Dosierung von Schmierseife kann man nicht viel falsch machen. Auf ungefähr 5 l warmes/heißes Wasser (so löst sich die Schmierseife schneller, alternativ einen Tag vorher ansetzen) kommt 1 EL Schmierseife.

Ich empfehle unbedingt einen Schuss Essig als Beigabe zur Schmierseife-Lösung. Essig löst Kalk, Fett und wirkt desinfizierend. Der Duft von Essig verflüchtigt sich rasch, und mich persönlich stört er nicht. Optional können auch ein paar Tropfen ätherische Öle zur Beduftung beigemengt werden.

Diese Lösung verwende ich für sämtliche Böden und glatte Flächen (Fliesen, Nirosta, Holz und Marmor) im Haushalt.

## Fensterreiniger

Schmierseife kann stark verdünnt zur Fensterreinigung verwendet werden. Sie hat wasser- und staubabweisende Eigenschaften.

*Dosierung*: Auf eine Sprühflasche mit etwa 350–500 ml Inhalt nehme ich ½–1 TL Schmierseife, die in warmem Wasser gelöst wird. Ein Schuss Essig wirkt Kalk entgegen und desinfiziert. Mit der Sprühflasche auftragen und nicht zu nass arbeiten, weniger ist mehr. Mit einem Tuch oder Küchenpapier reinigen. Im Anschluss mit einem trockenen Tuch polieren.

## Spülmittel

Aus Schmierseife kann durch Verdünnung ein wunderbares Spülmittel hergestellt werden. Dazu wird sie in abgekochtem Wasser gelöst. Die Konsistenz der Flüssigseife kann selbst bestimmt und mit Agar-Agar, Guarkernmehl oder Gelatine eingedickt werden. Das Spülmittel wird nie so fest wie das gekaufte, die Reinigungskraft ist dieselbe.

Zu beachten ist: je höher die Wassermenge in der Flüssigseife, desto kürzer die Haltbarkeit. Natürlich kann die Haltbarkeit verlängert werden, indem ein Konservierungsmittel beigemengt wird. Mir persönlich ist die natürliche Variante lieber. Auf Wunsch kann beduftet werden.

*Dosierung*: Auf 100 g Schmierseife kommen 250 ml destilliertes oder abgekochtes Wasser. Heißes Wasser löst die Schmierseife leichter auf, mit einem Stabmixer gut vermengen. Nach Bedarf mit ätherischen Ölen beduften und in eine Spenderflasche abfüllen.

**Flüssige Handseife**
Bei dieser Variante wird wie bei der Herstellung von Spülmittel die Schmierseife verdünnt und eingedickt. Als Pflege wird der Flüssigseife ein mildes Hautöl wie beispielsweise Olivenöl beigegeben.

*Dosierung*: 100 g Schmierseife werden in 250 ml abgekochtem, heißem Wasser gelöst. Mit dem Stabmixer gut vermengen. Zum Eindicken bietet sich ein wenig Guarkernmehl, Agar-Agar oder Gelatine an. Noch einmal kurz aufkochen lassen und 10–15 g pflegendes Öl beimengen. In eine Spenderflasche abfüllen und nach Bedarf mit ätherischen Ölen beduften.

**Pastöse Hand- & Körperseife**
Nur die wenigsten wissen, dass Schmierseife auch als Hand- und Körperseife verwendet werden kann, wenn bei der Herstellung für eine Rückfettung gesorgt und der KOH-Anteil reduziert wird. Wenn außerdem noch Scheuerpartikel wie Sand beigemengt werden, erhalten wir eine pflegende und stark schmutzlösende Seife.

↑ *Naturborsten sind umweltschonend*

*Dosierung*: Eine kleine Menge in den Handflächen verteilen und verreiben. Hier ist weniger mehr, da Schmierseife sehr ergiebig ist!

**Pflanzenschutzmittel**
Ein altbewährtes und natürliches Mittel gegen tierische Pflanzenschädlinge wie Blattläuse ist eine Lösung aus Schmierseife und Wasser. Damit werden die befallenen Pflanzen sorgfältig eingesprüht, auch die Blattunterseiten nicht vergessen.

*Dosierung*: 50–60 g Schmierseife werden in 1 l Wasser gelöst und in eine Sprühflasche ab-

↑ *Der Seifenleim bildet sich beim Mixen*

gefüllt. Bei Bedarf wird die Behandlung nach 1–2 Wochen wiederholt.

**Terrassenböden**

Der von Moos oder Algen gebildete Grünbelag auf Terrassen kann einfach mit Schmierseife entfernt werden.

*Dosierung*: Auf 5 l Wasser werden 80–100 ml Schmierseife gelöst. Die Seifenlauge auf die befallenen Flächen auftragen und verteilen. Mit einer Bürste einarbeiten und 30–45 Minuten einwirken lassen. Im Anschluss mit klarem Wasser nachspülen.

### HERSTELLUNG VON SCHMIERSEIFE

Die Herstellung von Schmierseife ist nicht schwierig, jedoch bedarf es Erfahrung im Seifensieden. Daher empfehle ich, mindestens einen Grundkurs zu absolvieren und mehrere Seifen im Kaltverfahren gegossen zu haben. So wird das notwendige Verständnis für den Umgang mit den Gefahrenstoffen Natriumhydroxid und Kaliumhydroxid, der Lauge und dem Seifenleim entwickelt.

Für Schmierseife geht man vor wie im Kaltverfahren. Doch statt Natriumhydroxid (NaOH, bekannt als Ätznatron) wird für die Laugenherstellung Kaliumhydroxid (KOH) verwendet.

Kaliumhydroxid wird hauptsächlich zur Herstellung von Schmierseife verwendet, um die Konsistenz der Seife »weich« zu belassen. Daher wird Schmierseife auch Kaliseife genannt.

Auch bei Mischverseifungen kommt Kaliumhydroxid zum Einsatz. Von einer Mischverseifung spricht man, wenn Natriumhydroxid und Kaliumhydroxid in unterschiedlichen Mischverhältnissen zur Lauge verarbeitet werden (siehe Seite 57).

So wie Natriumhydroxid ist auch Kaliumhydroxid ein Gefahrenstoff, wird als solcher gehandhabt und gekennzeichnet. Beide Rohstoffe werden zur Laugenherstellung beim Seifensieden verwendet, und es bedarf eines hohen Maßes an Vorsicht bei der Anwendung.

Ebenso wie Natriumhydroxid löst sich Kaliumhydroxid unter großer Wärmeentwicklung im Wasser zu einer starken, heißen Lauge. Die aufsteigenden Dämpfe dürfen nicht eingeatmet werden. Sie benötigen bei der Laugenzubereitung stets einen Mundschutz, Schutzbrille und Haushaltshandschuhe. Für eine gute Raumdurchlüftung ist zu sorgen.

## DIE BERECHNUNG DER KOH-MENGE

Die Verseifungszahlen (VZ) von Kaliumhydroxid sind andere als die von Natriumhydroxid. Dies muss bei der Berechnung der Menge für die Lauge berücksichtigt werden. Jedes einzelne Öl oder Fett hat seine eigene KOH-Verseifungszahl (siehe Verseifungstabelle Seite 45), um die benötigte Menge für die Lauge zu berechnen.

**Am einfachsten ist die Erklärung an einem Beispiel:**

Gewünschte Basisöl- und Fettmenge meiner Schmierseife

| | | | | | |
|---|---|---|---|---|---|
| 450 g Rapsöl: | 450 | x 0,19 | (KOH-Verseifungszahl) | = | 85,5 |
| 125 g Kokosfett: | 125 | x 0,257 | (KOH-Verseifungszahl) | = | 32,125 |
| | | | | = | **117,625 KOH** |

Da in der Regel das im Handel erhältliche Kaliumhydroxid nicht zu 100 % rein ist, ist es notwendig, das in unserer Berechnung zu berücksichtigen. Der Reinheitsgrad steht auf der Verpackung, zum Großteil beträgt er 90 %. Daher lautet die Rechnung wie folgt:

| | | | | |
|---|---|---|---|---|
| Kaliumhydroxid-Menge | x | 0,90 | = | tatsächlich verwendete KOH-Menge in der Rezeptur |
| 117,625 | x | 0,90 | = | **105,862** |

Aufgerundet ergibt sich somit die Menge von 106 g Kaliumhydroxid für die Herstellung der Lauge.

Sollten Sie einmal ein spezielles bzw. ausgefallenes Öl oder Fett verwenden, dessen Kaliumhydroxid-Verseifungszahl nicht im Internet zu finden ist (z. B. Straußenfett), gibt es eine weitere Möglichkeit, den KOH-Wert zu ermitteln.

Man rechnet die gesamte Rezeptur (Basisöle und -fette) anhand der Natriumhydroxid-Verseifungszahlen aus. Diese Endzahl wird dann mit einem Mittelwert aller Verseifungszahlen für alle Öle und Fette für Kaliumhydroxid ermittelt. Dieser Mittelwert beträgt 1,40272.

**Am einfachsten erkläre ich dies ebenfalls an einem Beispiel:**

Gewünschte Basisöl- und Fettmenge für meine Schmierseife

| | | | | | |
|---|---|---|---|---|---|
| 450 g Rapsöl: | 450 | x | 0,135 (NaOH-Verseifungszahl) | = | 60,75 |
| 125 g Kokosfett: | 125 | x | 0,183 (NaOH-Verseifungszahl) | = | 22,875 |
| | | | | = | **83,625 NaOH** |

| | | | | |
|---|---|---|---|---|
| Natriumhydroxid-Menge | x | Mittelwert 1,40272 | = | tatsächlich verw. KOH-Menge in der Rezeptur |
| 83,625 | x | 1,40272 | = | 117,302 |

Aufgerundet ergibt sich somit die Menge von 118 g Kaliumhydroxid für die Lauge.
Nun muss aber noch der Reinheitsgrad berücksichtig werden. In unserem Beispiel die 90 % Reinheit.

| | | | | |
|---|---|---|---|---|
| 117,302 | x | 0,90 | = | 105,571 |

Aufgerundet ergibt sich somit die Menge von 106 g Kaliumhydroxid für die Herstellung der Lauge.

Wie man sieht, ergeben beide Rechnungen die gleiche Zahl. Wir erhalten in beiden Rechnungen eine Schmierseife ohne Rückfettung.

Von einer Rückfettung spricht man, wenn der Wert von Kaliumhydroxid oder Natriumhydroxid für die Laugenherstellung reduziert wird. Dieser Wert kann zwischen 5–10 % reduziert werden. Diese 5–10 % werden dann nicht in Seife umgewandelt und verbleiben als Pflege- bzw. Rückfettung in der Seife zurück.

Für Putzmittel wird keine Rückfettung benötigt.

## WASSERMENGE

Was den Wasseranteil bei Schmierseifen betrifft, kann er bis zu 50 % der Gesamtfettmenge betragen. Ich verwende bei meinen Rezepturen einen 40-%-Anteil an Wasser.

## HEISSVERFAHREN

Bei der Herstellung einer Schmierseife wird im Heißverfahren gearbeitet. Grund dafür ist, dass Kaliumhydroxid nicht so reaktionsfreudig wie Natriumhydroxid ist, es ist etwas träge. Die zugeführte Hitze beschleunigt die Verseifung. Daher lasse ich die Lauge auch nicht abkühlen wie beim Kaltverfahren. Ich vermenge sie, unmittelbar nachdem sie sich vollständig aufgelöst hat und klar geworden ist, mit der Basisfettmenge.

Beim Heißverfahren werden Öle und Fette mit der Lauge unter Wärmezufuhr zur Gel-Phase gebracht. Es wird, nachdem die Lauge der Basisfettmenge beigegeben wurde und der Seifenleim »anzudicken« beginnt, unter Wärmezufuhr weitergearbeitet. Das heißt, es wird bei geringer bis mittlerer Temperatur unter ständigem Rühren direkt am Herd verseift. Dies kann mit Stabmixer oder Schneebesen passieren. Ich ziehe den Stabmixer vor, den ich im ganzen Prozess immer wieder ein- und ausschalte, um ihm eine Pause zu gönnen und Überhitzung zu vermeiden. Natürlich kann man auch zum Schneebesen wechseln und den Stabmixer rasten lassen.

Bei der Wahl des Topfes ist auf jeden Fall darauf zu achten, einen größeren Topf zu nehmen. Wenn der Seifenleim zu heiß wird, kann es vorkommen, dass er sein Volumen durch Aufschäumen verdoppelt. Wenn dies der Fall ist, die Hitzezufuhr sofort reduzieren und den Topf vom Herd nehmen.

## ZWEI VARIANTEN SIND BEIM SIEDEN MÖGLICH

**1.** Direkt auf der Herdplatte bei geringer bis mittlerer Temperatur arbeiten. Hier lässt sich die Wärmezufuhr gut dosieren. Man kann die Temperatur erhöhen oder reduzieren oder zwischendurch auch den Topf vom Herd nehmen, wenn er zu heiß wird. Die Gefahr bei dieser Variante ist, dass der Seifenleim anbrennen kann.

**2.** Den Topf mit dem Seifenleim in ein Wasserbad (Topf gefüllt mit köchelndem Wasser) stellen. Die Wärme wird sanfter abgegeben als direkt am Herd. Bei dieser Technik muss darauf geachtet werden, dass kein sprudelndes Wasser in den Seifenleim gelangt. Das Halten des Seifentopfs wird durch den heißen, aufsteigenden Wasserdampf erschwert, und man kann sich leicht verbrennen. Diese Variante kann auch mehr Zeit beanspruchen, als wenn direkt am Herd gearbeitet wird.

↑ *Den Fettansatz erwärmen, bis die festen Fette schmelzen*

↑ *KOH im Wasser lösen*

↑ *Die Lauge zum Fettansatz geben*

↑ *Unter Wärmezufuhr verseifen*

↑ *Nach Bedarf mit einem Spatel rühren*

↑ *Die fertige Seife ist leicht glasig und dicklich*

↑ *Selbst gemachte Schmierseife ist ein tolles Geschenk*

Durch die Hitzezufuhr wird der Seifenleim fester und sämiger. Dieser Prozess kann 20–30 Minuten, je nach Wärmezufuhr, dauern. Es kann auch passieren, dass sich der Seifenleim trennt. Nicht verzagen! Einfach weiterrühren.

Die Schmierseife ist fertig, wenn sie leicht glasig und dicklich ist. Beim Rühren sollte sich der Seifenleim vom Rand lösen und Fäden ziehen.

### REIFEPROZESS

Jetzt kann die Seife in bereitgestellte Gläser abgefüllt werden. Im Reifeprozess wandelt sich die Schmierseife in eine transparente, gelartige Seife um. Je nachdem, welches Basisöl verwendet wird, bestimmt dies auch die Endfarbe der Schmierseife. Dieser Umwandlungsprozess kann 2–4 Wochen dauern.

Da die Seife zum Putzen verwendet wird, kann sie theoretisch gleich im Anschluss verwendet werden. Der pH-Wert von frischer Schmierseife beträgt 9, der pH-Wert einer 1 Jahr alten Schmierseife beträgt 8 – kein wesentlicher Unterschied. Trotzdem lasse ich sie lieber 3–4 Wochen reifen und warte geduldig, bis sie transparent geworden ist.

↑ *Im Reifeprozess wandelt sich die Schmierseife in eine transparente, gelartige Seife um*

# KLASSISCHE SCHMIERSEIFE MIT RAPSÖL

*0 % Rückfettung*

**Fettansatz (575 g GFM)**
125 g Kokosfett
450 g Rapsöl

**Lauge**
106 g KOH
230 g Wasser (40 % der GFM)

1. Für den Fettansatz das Kokosfett in einem Topf langsam schmelzen und im Anschluss das Rapsöl beimengen.

2. Für die Lauge das Kaliumhydroxid abwiegen und im Wasser lösen.

3. Die Lauge nicht abkühlen lassen und, unmittelbar nachdem sie klar ist, mit den Basisfetten vermengen.

4. Den Topf bei geringer bis mittlerer Wärmezufuhr auf den Herd stellen und die Masse mit dem Stabmixer gut durchmixen. Spritzer vermeiden! Der ganze Arbeitsvorgang kann bis zu 30 Minuten dauern. Den Stabmixer zwischendurch immer wieder ausschalten, um einer Überhitzung vorzubeugen. Der Topf kann immer wieder von der Herdplatte genommen werden, falls er zu heiß wird. Der Seifenleim wird nach etwa 15 Minuten dicklicher und schwerer. Dann zum Schneebesen oder zum Gummispatel wechseln. Weiterrühren, um ein Anbrennen des Seifenleims zu umgehen. Falls sich der Seifenleim trennen sollte, wieder mit dem Stabmixer weitermixen.

5. Die Schmierseife ist fertig, wenn sich der Seifenleim beim Rühren von der Topfwand löst und die Masse leichte Fäden zieht. In vorbereitete Gläser füllen und nach dem Auskühlen verschließen. Bei sauberer Entnahme und korrekt gesiedet ist die Schmierseife fast unbegrenzt haltbar.

**Tipp**
Ich finde die klassischen Bügelgläser aus Glas als praktische Aufbewahrungsbehälter am besten geeignet. So kann man die Qualität gut kontrollieren. Auf Wunsch kann die Schmierseife mit etwa 15 g ätherischen Ölen beduftet werden.

# KLASSISCHE SCHMIERSEIFE MIT OLIVENÖL

*0 % Rückfettung*

**Fettansatz (575 g GFM)**
125 g Kokosfett
450 g Olivenöl

**Lauge**
105 g KOH
230 g Wasser (40 % der GFM)

**1.** Für den Fettansatz das Kokosfett in einem Topf langsam schmelzen und im Anschluss das Olivenöl beimengen.

**2.** Für die Lauge das Kaliumhydroxid abwiegen und im Wasser lösen.

**3.** Die Lauge nicht abkühlen lassen und, unmittelbar nachdem sie klar ist, mit den Basisfetten vermengen.

**4.** Den Topf bei geringer bis mittlerer Wärmezufuhr auf den Herd stellen und die Masse mit dem Stabmixer gut durchmixen. Spritzer vermeiden! Der ganze Arbeitsvorgang kann bis zu 30 Minuten dauern. Den Stabmixer zwischendurch immer wieder ausschalten, um einer Überhitzung vorzubeugen. Der Topf kann immer wieder von der Herdplatte genommen werden, falls er zu heiß wird. Der Seifenleim wird nach etwa 15 Minuten dicklicher und schwerer. Dann zum Schneebesen oder zum Gummispatel wechseln. Weiterrühren, um ein Anbrennen des Seifenleims zu umgehen. Falls sich der Seifenleim trennen sollte, wieder mit dem Stabmixer weitermixen.

**5.** Die Schmierseife ist fertig, wenn sich der Seifenleim beim Rühren von der Topfwand löst und die Masse leichte Fäden zieht. In vorbereitete Gläser füllen und nach dem Auskühlen verschließen.

**Tipp**
Nicht wundern, wenn die Seife im Gegensatz zur klassischen Seife mit Rapsöl eine grünliche Farbe hat. Das liegt am Olivenöl. Auf Wunsch kann die Seife mit etwa 15 g ätherischen Ölen beduftet werden.

# SPÜLMITTEL AUS SCHMIERSEIFE

100 g Schmierseife
250 g heißes abgekochtes oder stilles Wasser
½–1 TL Agar-Agar

**1.** Die Schmierseife im heißen Wasser lösen, mit dem Agar-Agar verrühren und kurz aufkochen. Schaumbildung vermeiden!

**2.** Kurz mit dem Stabmixer durchmixen. Abkühlen lassen und in eine Spenderflasche abfüllen.

**Tipp**
Statt Agar-Agar können Sie auch Guarkernmehl oder ähnliche pflanzliche Verdickungsmittel verwenden. Sie bestimmen durch die Menge die Konsistenz der Spülseife. Allerdings wird sie nie so dicklich wie die gekaufte Variante, steht ihr aber in der Waschkraft in nichts nach. Auf Wunsch kann das Spülmittel auch mit ein paar Tropfen ätherischem Öl beduftet werden. Da keine Konservierung und ein hoher Wasseranteil enthalten ist, ist die Haltbarkeit verkürzt. Ich empfehle, immer nur die benötigte Menge und keinen Vorrat zuzubereiten.

# FLÜSSIGE HANDSEIFE

100 g Schmierseife
250 g heißes abgekochtes oder stilles Wasser
½–1 TL Agar-Agar
8 g Olivenöl

**1.** Die Schmierseife im heißen Wasser lösen, mit dem Agar-Agar verrühren und kurz aufkochen. Schaumbildung vermeiden!

**2.** Kurz mit dem Stabmixer durchmixen. Abkühlen lassen und mit Olivenöl vermischen. Zur besseren Dosierung in eine Spenderflasche abfüllen.

**Tipp**
Statt Olivenöl können auch hochwertigere Öle wie mildes Mandelöl oder Jojobaöl verwendet werden. Wenn Sie mehr Rückfettung wünschen, kann die Ölmenge auch erhöht werden. Falls sich die Flüssigseife nach einiger Zeit in der Flasche trennt, einfach ein wenig durchschütteln. Sie verbindet sich umgehend. Da keine Konservierung und ein hoher Wasseranteil enthalten ist, ist die Haltbarkeit verkürzt. Daher nur die benötigte Menge und nicht auf Vorrat zubereiten.

SOAP

# HANDSCHMIERSEIFE MIT BIMSSTEIN

*3 % Rückfettung*

**Fettansatz (290 g GFM)**
65 g Kokosfett
225 g Olivenöl

**Lauge**
53 g KOH
116 g Wasser (40 % der GFM)

**Außerdem**
135 g gemahlener Bimsstein (ca. 30 % der Gesamtmenge)

**1.** Für den Fettansatz das Kokosfett in einem Topf langsam schmelzen und im Anschluss das Olivenöl beimengen.

**2.** Für die Lauge das Kaliumhydroxid abwiegen und im Wasser lösen.

**3.** Die Lauge nicht abkühlen lassen und unmittelbar nachdem sie klar ist, mit den Basisfetten vermengen.

**4.** Den Topf bei geringer bis mittlerer Wärmezufuhr auf den Herd stellen und die Masse mit dem Stabmixer gut durchmixen. Spritzer vermeiden! Der ganze Arbeitsvorgang kann bis zu 30 Minuten dauern. Den Stabmixer zwischendurch immer wieder ausschalten, um einer Überhitzung vorzubeugen. Der Topf kann immer wieder von der Herdplatte genommen werden, falls er zu heiß wird. Der Seifenleim wird nach etwa 15 Minuten dicklicher und schwerer. Dann zum Schneebesen oder zum Gummispatel wechseln. Weiterrühren, um ein Anbrennen des Seifenleims zu umgehen. Falls sich der Seifenleim trennen sollte, wieder mit dem Stabmixer weitermixen.

**5.** Die Schmierseife ist fertig, wenn sich der Seifenleim beim Rühren von der Topfwand löst und leichte Fäden zieht.

**6.** Den Bimsstein gut unterrühren, dabei Klümpchenbildung vermeiden. In vorbereitete Gläser füllen und nach dem Auskühlen verschließen. Vor dem Verwenden 2 Wochen reifen lassen.

**Tipp**
Dank der Rückfettung und der Scheuerkraft des Bimssteins ist dies eine wunderbare Seife, um schmutzige Hände rasch zu säubern und gleichzeitig zu pflegen. Falls Ihnen die Körnung zu gering ist, können Sie die Menge an Bimsstein noch ein wenig erhöhen. Da die Handseife sehr ergiebig ist, benötigt man nur eine geringe Menge.

# Kernseife

# KERNSEIFE

*Ähnlich wie Schmierseife ist Kernseife im Haushalt vielfach einsetzbar.
Erfahren Sie in diesem Kapitel das Wichtigste
über Anwendung und Herstellung.*

## WISSENSWERTES

Kernseifen oder Natriumseifen wurden aus Ölen und Fetten geringer Qualität gewonnen und bildeten die Grundlage für Feinseifen. Kernseife enthält keine Farb-, Duft- oder andere Zusatzstoffe, auch kein überschüssiges Fett oder Glycerin zur Pflege. Sie ist eine »reine« Seife ohne Fettüberschuss. Dadurch ist sie länger haltbar. Sie ist alkalisch und zugunsten der Reinigungskraft wird auf pflegende Eigenschaften verzichtet.

Bei der Herstellung wurde die Seifenmasse mit viel Wasser zum Kochen gebracht. Durch den Zusatz von Kochsalz (Natriumchlorid) wurde der Seifenkern getrennt und sammelte sich an der Oberfläche. Diesen Vorgang nennt man »aussalzen«. Die oben schwimmende Masse wird fester, kerniger. Daher der Name Kernseife. Unerwünschte Begleitstoffe und das wasserlösliche Glycerin der Fette bleiben in der Lösung, die auch Unterlauge genannt wird, zurück.

Kernseife wurde, bevor pflegende Feinseifen Einzug in die Haushalte fanden, zur Körperreinigung und als universelles Reinigungsmittel im Haushalt eingesetzt.

↑ *Kernseife für Waschmittel raspeln*

## VERWENDUNG IM HAUSHALT

Ein Stück Kernseife erspart eine Vielzahl an synthetisch hergestellten Reinigungs- und Putzmitteln – und nebenbei noch Geld und viel Platz in den Regalen. Der Haushalt wird sanft und ganz ohne Chemie gereinigt. Unnötiger Verpackungs- und Plastikmüll wird reduziert, die Umwelt nicht unnötig belastet.

### Kernseife als Fleckenlöser

Hartnäckige Flecken wie Gras oder Fett können rasch mit Kernseife entfernt werden! Den zu behandelnden Stoff nass machen, mit Seife einreiben und nach einer Einwirkzeit wie gewohnt waschen.

↑ *Natürliches Waschmittel aus Kernseife*

**Kernseife als Geschirrreiniger**
Kaum bekannt ist, dass sich Kernseife – als verpackungsfreie Alternative zu Flüssigspülmittel – hervorragend zum Geschirrspülen eignet. Eine nasse Spülbürste mit ein wenig Kernseife einreiben, das Geschirr damit abreiben und abspülen. Oder die Kernseife in Warmwasser im Spülbecken lösen und das Geschirr darin abwaschen.

**Kernseife für saubere Oberflächen**
Kernseife hat sehr gute Alles-Reiniger-Qualitäten! Für saubere Oberflächen Kernseife mit ein wenig Natron und Wasser mischen. Damit reinigen Sie mühelos schmutzige Herdplatten, Fensterbänke, Küche und Fliesen.

**Kernseife als Waschmittel**
Man kann festes und flüssiges Waschmittel aus zerkleinerter Kernseife herstellen. Durch die Beigabe von Natron (Speisesoda) und Waschsoda erhält man ein kostengünstiges und biologisch abbaubares Waschmittel.

**Kernseife als Pinselreiniger**
Beim Reinigen von Malpinseln trägt die Verwendung von Kernseife zu einer längeren Haltbarkeit der Borsten bei.

↑ *Kernseife eignet sich auch als Geschirrreiniger*

## VERWENDUNG ZUR KÖRPERPFLEGE

Kernseife kann natürlich zum Händewaschen und zur Körperreinigung verwendet werden. Da sie keinerlei Zusatzstoffe beinhaltet, ist sie gut für Allergiker geeignet. Zugunsten der Waschkraft enthält Kernseife keinen üblichen und pflegenden Fettüberschuss. Ich empfehle daher, bei der Körperreinigung auf Naturseifen mit Rückfettung zurückzugreifen, um ein Austrocknen der Haut zu vermeiden. Oder, wenn Sie oft Kernseife bei der Handwäsche verwenden, im Anschluss die Hände einzucremen.

**Hornhautentfernung**
Als warmes Fußbad wirkt Kernseife entspannend und erleichtert ein Entfernen von harter Hornhaut an den Füßen.

**Hausmittel bei Nagelbettentzündungen**
Als Hausmittel wird Kernseife gelöst in warmem Wasser erfolgreich bei Nagelbettentzündungen eingesetzt.

↑ *Seifenreste aufbewahren*

## HERSTELLUNG VON KERNSEIFE IM KALTVERFAHREN

Für Kernseifen können ohne Weiteres »günstige« Öle und Fette verarbeitet werden, da sie heutzutage meistens nur zur Reinigung des Haushalts eingesetzt werden. Die nachfolgenden Rezepte ergeben reine Seifen ohne Duft-, Farb- und Fettüberschuss und werden im Kaltverfahren (siehe Seite 11 ff.) hergestellt. Sie eignen sich hervorragend als Wasch- und Reinigungsmittel.

Frisch gesiedete Kernseife sollte 4 Wochen reifen, um einen milden pH-Wert zu erlangen. Wenn sie ausschließlich zum Putzen verwendet wird, kann sie auch schon eher eingesetzt werden, sofern Haushaltshandschuhe getragen werden.

## HERSTELLUNG VON KERNSEIFE AUS SEIFENRESTEN

Eine wunderbare Möglichkeit ist es, aus Seifenresten Kernseife zu recyceln. Oft fallen Randstücke oder kleine, unhandliche Seifenreste an, die, anstatt weggeworfen zu werden, wieder eine Verwendung finden. Auch alte Seifen ohne Duft können, anstatt in der Mülltonne zu landen, verwertet werden.

Recycelte Kernseife kann im Anschluss sofort verwendet werden. Der pH-Wert liegt, anders als bei frischer Seife, bereits bei um die 8 in der pH-Wert-Skala.

Die gesammelten Seifenreste werden fein geraspelt und mit Wasser in einen Topf gegeben. Wichtig ist, dass das Topfvolumen dreimal größer als die Seifenmenge ist. Die Seifenlauge wird unter Rühren zum Köcheln gebracht. Die geraspelte Seife sollte sich komplett auflösen. Dies geht umso schneller, je feiner die Seifenreste zerkleinert wurden.

Da sich in den meisten Feinseifen noch pflegende Öle befinden, werden diese überschüssigen Öle unter Beigabe von Lauge in Seife umgewandelt. Wir erhalten so eine fettfreie Seife. Bei diesem Arbeitsschritt ist es unerlässlich, mit Schutzbrille und Haushaltshandschuhen zu arbeiten.

Wenn sich eine homogene Masse gebildet hat, wird mit dem »Aussalzen« begonnen. Der Seifenlauge wird Salz beigemengt. Es trennt das überschüssige Wasser von der Seife ab. Seifenflocken steigen zur Oberfläche auf, das schwerere Salzwasser bildet eine »Unterlauge«. In ihr bleiben unerwünschte Begleitstoffe und Verunreinigungen zurück.

Der Topf wird vom Herd genommen. Ich empfehle ihn so lange abkühlen zu lassen, bis die Seifenflocken an der Oberfläche ein wenig an Festigkeit gewinnen, um abgeschöpft zu werden. Ist dieser Seifenbrei noch heiß und

↑ *Seifenflocken werden nach dem Aussalzen von der Unterlauge abgeschöpft*

flüssig, kann ihn weder das Sieb noch die Schöpfkelle auffangen.

Noch einfacher finde ich die Variante, den Topf mit dem Seifenbrei vollständig abkühlen zu lassen. Es bildet sich eine feste Seifenplatte, die problemlos von der Unterlauge abgenommen werden kann. Diese Variante dauert zwar länger, stellt aber eine große Arbeitsersparnis des Abschöpfens dar.

Egal für welche Variante Sie sich entscheiden, die Unterlauge wird im Anschluss weggeleert und der Topf mit frischem, heißem Wasser angesetzt. Die verbleibende Seife wird nun insgesamt drei- bis viermal nach demselben Verfahren ausgesalzen. Die Häufigkeit hängt von der Verunreinigung der verwendeten Seifenreste ab.

Wenn die Unterlauge klar ist, ist kein weiteres Aussalzen mehr notwendig. Die Kernseife ist jetzt fertig. Sie können den Seifenbrei abschöpfen, gut abtropfen lassen und in eine vorbereitete Form gießen. Oder Sie lassen ihn im Topf erkalten und entnehmen im Anschluss die feste Seifenplatte. Diese ein wenig trocken tupfen, in Stücke schneiden und ein paar Tage gut durchtrocknen lassen. Die fertigen Kernseifenstücke sind meist unbegrenzt haltbar.

# PALMÖLFREIE KERNSEIFE MIT RAPS- & SONNENBLUMENÖL

*0 % Rückfettung*

**Fettansatz (600 g GFM)**
300 g Kokosfett
200 g Rapsöl
100 g Sonnenblumenöl

**Lauge**
95 g NaOH
180 g Wasser (30 % der GFM)

1. Für den Fettansatz das Kokosfett langsam schmelzen und im Anschluss die Öle beimengen. Den Fettansatz auf eine Temperatur von 40–45 °C abkühlen lassen.

2. Für die Lauge das Natriumhydroxid abwiegen und im Wasser lösen. Die Lauge auf eine Temperatur von 40–45 °C abkühlen lassen.

3. Wenn der Fettansatz und die Lauge eine Temperatur von etwa 40–45 °C erreicht haben, die Lauge in den Fettansatz gießen und alles gut mit dem Stabmixer verrühren. Die Rohseife so lange mixen, bis sich eine Spur bildet.

4. Den Seifenleim nun in eine vorbereitete Form gießen. Mit Frischhaltefolie aus Kunststoff abdecken und mit Handtüchern gut wärmeisolieren.

5. Die Seife nach dem Entformen 4–6 Wochen reifen lassen.

**Tipp**
Durch die Beigabe von Kokosfett wird die Seife schneller andicken und aushärten. Es empfiehlt sich, die Seife nach 1 Woche zu schneiden, soweit Sie eine Blockform und keine Einzelformen gewählt haben.

# PALMÖLFREIE KERNSEIFE MIT OLIVEN- & DISTELÖL

*0 % Rückfettung*

**Fettansatz (600 g GFM)**
300 g Kokosfett
100 g Olivenöl
100 g Distelöl
100 g Sonnenblumenöl

**Lauge**
95 g NaOH
180 g Wasser (30 % der GFM)

**1.** Für den Fettansatz das Kokosfett langsam schmelzen und im Anschluss die Öle beimengen. Den Fettansatz auf eine Temperatur von 40–45 °C bringen.

**2.** Für die Lauge das Natriumhydroxid abwiegen und im Wasser lösen. Die Lauge auf eine Temperatur von 40–45 °C abkühlen lassen.

**3.** Wenn der Fettansatz und die Lauge eine Temperatur von etwa 40–45 °C erreicht haben, die Lauge in den Fettansatz gießen und alles gut mit dem Stabmixer verrühren. Die Rohseife so lange mixen, bis sich eine Spur bildet.

**4.** Den Seifenleim nun in eine vorbereitete Form gießen. Mit Frischhaltefolie aus Kunststoff abdecken und mit Handtüchern gut wärmeisolieren.

**5.** Die Seife nach dem Entformen 4–6 Wochen reifen lassen.

**Tipp**
Wenn Sie kein Distelöl verfügbar haben, können Sie es durch Raps- oder Sonnenblumenöl ersetzen. Dann muss allerdings die Menge an Natriumhydroxid neu berechnet werden!

HANDMADE
NATURAL

# KERNSEIFE AUS SEIFENRESTEN

500 g Reste selbst gemachter Seife, geraspelt
ca. 1,5 l abgekochtes Wasser (drei- bis vierfache Menge der Seifenreste) plus 3–4 l zum Aussalzen
8 g NaOH
450–600 g Speisesalz für drei- bis viermal Aussalzen

**1.** Die geraspelten Seifenreste mit 1,5 l Wasser unter Rühren zum Köcheln bringen. Um viel Schaumbildung zu vermeiden, sollte die Seifenlauge nicht zu stark kochen.

**2.** Wenn die Seifenreste vollständig aufgelöst sind, eine Lauge aus dem Natriumhydroxid und 20 g Wasser zubereiten. Schutzbrille und Haushaltshandschuhe sind beim Lösen des Ätznatrons unerlässlich! Das NaOH ins Wasser leeren, niemals umgekehrt!

**3.** Die angesetzte Lauge ein wenig abkühlen lassen und langsam in die Flüssigkeit der gelösten Seifenreste einarbeiten. Die restlichen freien Öle werden dadurch verseift. Dieser Arbeitsschritt dauert ungefähr 10–15 Minuten, dabei bildet sich eine homogene Masse.

**4.** Anschließend mit dem Aussalzen beginnen: 150 g Speisesalz unter Rühren portionsweise beimengen. Unter leichtem Köcheln trennt es die Seife vom Wasser, Seifenflocken steigen zur Oberfläche auf. Nach 10–15 Minuten hat sich der Seifenkern getrennt. Die Seifenflocken nach dem Abkühlen abschöpfen. Die Unterlauge wegschütten.

**5.** 1 l frisches Wasser erwärmen. Die abgeschöpften Seifenflocken beimengen und lösen. Wenn eine homogene Masse entstanden ist, den Vorgang des Aussalzens noch zwei- bis dreimal wiederholen, so lange, bis die Unterlauge klar ist. Dass man das Aussalzen wiederholt, hängt mit den Verunreinigungen der Seifenreste zusammen. Es kann sein, dass die Unterlauge schon nach zweimaligem Aussalzen klar ist, es wäre somit kein weiteres Aussalzen mehr notwendig.

**6.** Je nach gewählter Arbeitsvariante wird jetzt die weiche Kernseife abgeschöpft und in Formen gefüllt. Oder Sie lassen sie im Topf abkühlen und fest werden (siehe Tipp). Nach dem Festwerden die Seife entformen und in Stücke schneiden. Die frische Kernseife unbedingt mehrere Tage zum Trocknen aufstellen, denn sie enthält noch zu viel Feuchtigkeit.

↑ *Seifenreste in der drei- bis vierfachen Wassermenge auflösen*

↑ *Nach dem Entsalzen abschöpfen*

↑ *Bleibt die Lauge klar, ist kein weiteres Aussalzen mehr notwendig*

↑ *Die Kernseife aus der klaren Unterlauge abschöpfen und in Formen füllen*

### Tipp

Die Kernseife ist fertig, wenn die Unterlauge klar ist. Wenn Ihnen die Variante des Abschöpfens zu zeitaufwendig ist, können Sie die Mischung so lange abkühlen lassen, bis sich an der Oberfläche eine kompakte »Seifenscheibe« gebildet hat. Sie kann einfach entnommen und das Aussalzen wiederholt werden. Hier ist es hilfreich, die Scheibe vorab in kleinere Stücke zu brechen, um sie rascher aufzulösen.

# KERNSEIFE-WASCHMITTEL FÜR BUNTWÄSCHE

200 g Kernseife
300 g Soda (Pulver; reines Natriumcarbonat, Waschsodapulver)
300 g Natron (Pulver; Speisesoda)

1. Die Kernseife fein reiben.

2. Mit Handschuhen die Kernseiferaspel mit dem Soda und dem Natron in einer Schüssel vermischen.

3. Das Pulver luftdicht, in einem Bügelglas verschlossen aufbewahren.

**Anwendung**

Dosierung: je nach Verschmutzung 1–2 EL. Wenn man in Gegenden mit kalkhaltigem Wasser wohnt, erhöht sich die Menge an Waschmittel. Ich empfehle, etwas Essig in das Spülmaschinenfach zu leeren, um die Bildung von Kalkseife zu vermeiden. Alternativ bietet sich Zitronensäure als Entkalker im Waschpulver an. Ab und an die Waschmaschine leer nur mit der Beigabe von Essig oder 6–8 EL Zitronensäure direkt in der Trommel durchlaufen lassen.

# KERNSEIFE-WASCHMITTEL FÜR WEISSE WÄSCHE

200 g Kernseife
300 g Soda (Pulver; reines Natriumcarbonat, Waschsodapulver)
300 g Natron (Pulver; Speisesoda)
250 g Zitronensäure (Pulver)

1. Die Kernseife fein reiben.

2. Mit Handschuhen die Kernseiferaspel mit dem Soda, dem Natron und der Zitronensäure in einer Schüssel vermischen.

3. Das Pulver luftdicht, in einem Bügelglas verschlossen aufbewahren.

**Tipp**

Wenn Sie gerne Duft beimengen möchten, ätherische Öle erst direkt vor dem Waschgang unter das Pulver mischen. Bei starken Flecken die Wäsche mit Gallseife vorbehandeln.

# SPÜLMITTEL AUS KERNSEIFE

20 g Kernseife
500 g Wasser
2 EL Natron (Speisesoda)
15–20 Tropfen ätherisches Öl zum Beduften (optional)

1. Die Kernseife fein reiben.

2. Das Wasser zum Kochen bringen und die Kernseife darin lösen.

3. Die Mischung abkühlen lassen und das Natron einrühren.

4. Wenn Duft erwünscht ist, 15–20 Tropfen ätherische Öle beimengen.

**Tipp**
Die Konsistenz lässt sich nicht mit der von gekauftem Spülmittel vergleichen, die Spülkraft ist dennoch hervorragend. Durch den hohen Wasseranteil ist das Spülmittel nur begrenzt haltbar, daher nicht zu viel Vorrat zubereiten.

# ALLZWECKREINIGER AUS KERNSEIFE

10 g Kernseife
350 g Wasser
10 g Natron (Speisesoda)
1–2 EL Essig

1. Die Kernseife fein reiben.

2. Das Wasser langsam erwärmen und die Kernseife darin lösen, dabei Schaumbildung vermeiden.

3. Die Mischung abkühlen lassen und das Natron einrühren.

4. Den Essig beimengen.

5. In eine Sprühflasche füllen.

**Tipp**
Auf Wunsch können gerne ein paar Tropfen ätherische Öle beigemengt werden. Je kalkhaltiger das Wasser ist, umso mehr Essig kann verwendet werden.

# SANDSEIFE

70 g Kernseife
55 g abgekochtes oder destilliertes Wasser
50 g Kokosöl
20 g Sesamöl
3 EL feiner Sand
1 EL Speisesoda
12–15 Tropfen ätherische Öle zum Beduften (optional)

**1.** Die Kernseife so fein wie möglich raspeln und mit dem abgekochten bzw. destillierten Wasser langsam im Wasserbad auflösen. Zu starkes Schäumen vermeiden. Die geschmolzene Seifenlauge leicht abkühlen lassen.

**2.** Das Kokosöl schmelzen und mit dem Sesamöl vermischen. Die abgekühlte Seifenlauge der Fettmischung beimengen.

**3.** Den Sand und das Speisesoda einrühren und auf Wunsch ätherische Öle hinzufügen.

**4.** In sterilisierte Gläser abfüllen.

**Anwendung**
Diese körnige Handpaste ist leicht herzustellen und löst Schmutz ohne Probleme. Man benötigt nur 1/2–1 TL pro Handwäsche, dadurch ist sie auch noch sehr ergiebig. Dank der Beigabe von Sand erhöht sich die Scheuerwirkung beim Waschen, Schmutz kann leichter gelöst und abgespült werden. Sesamöl pflegt beanspruchte Hände nachhaltig und ist mild rückfettend.

**Tipp**
Statt Sesamöl können auch Olivenöl oder andere hautpflegende Öle verwendet werden. Wenn Ihnen die Körnung zu schwach ist, können Sie die Menge an Sand erhöhen. Oder auf einen festeren Rohstoff wie Polenta mit gröberer Körnung zurückgreifen. Anstatt Sand kann auch Bimssteinmehl verarbeitet werden.

Gallseife

# Gallseife

# GALLSEIFE

*Gallseife ist das Reinigungsmittel für Notfälle. Umweltschonend und ergiebig löst sie selbst hartnäckige Flecken mühelos.*

*← Gallseife ist ein Klassiker der Haushaltsreinigung*

## WISSENSWERTES

Ein bekanntes altes Hausmittel zur Behandlung von Flecken auf Textilien ist die Gallseife, heute im Handel als festes Seifenstück oder als flüssiges Endprodukt erhältlich. Sie ist eine Kernseife mit der Beigabe von Rindergalle.

Die Bezeichnung »Kernseife« basiert auf dem Herstellungsverfahren, bei dem aus der kochenden Seifenmasse durch Zusatz von Kochsalz der Seifenkern abgetrennt wird. Glycerin und andere unerwünschte Stoffe bleiben zurück.

Ihre Reinigungswirkung ergibt sich durch die in der Rindergalle enthaltenen Salze und Säuren. Die Waschwirkung der Rindergalle beruht auf emulgierenden Eigenschaften, die in den Gallsäuren enthalten sind. Die Gallenflüssigkeit beinhaltet waschaktive Enzyme, daher ist sie effizient bei viele Arten von Schmutz, vor allem aber bei Flecken.

*↑ Gallseife wird im Kaltverfahren hergestellt*

## VERWENDUNG

Gallseife wirkt bei Fett-, Stärke-, Eiweiß-, Blut-, Öl- und Obstflecken auf Textilien. Um den Fleck zu entfernen, wird die betroffene Stelle angefeuchtet und kräftig mit Gallseife eingerieben. Wichtig ist die Einwirkzeit, sie sollte ein paar Minuten dauern. Ohne die Gallseife auszuspülen, wird das Kleidungsstück wie gewohnt in der Waschmaschine gewaschen.

Gallseife ist auch hervorragend für Wolle und Seide oder vergilbte Kragen geeignet. Sie ist mild und schonend für die Umwelt, sehr ergiebig und löst selbst hartnäckige Flecken mühelos. Da sie keine Rückfettung oder besondere Pflege enthält, sollte sie nicht zur Hautreinigung verwendet werden.

↑ *Bei Flecken: diese mit Gallseife einreiben und nach kurzer Einwirkzeit wie gewohnt waschen*

## HERSTELLUNG

Feste Gallseifen werden im Kaltverfahren hergestellt. Für alle, denen das Reiben mit der Seife am Kleidungsstück zu mühsam ist, gibt es auch die Möglichkeit, eine weiche, pastöse Gallseife zu sieden. Um weiche Seifen zu erhalten, wird das Heißverfahren angewandt.

Die zur Herstellung von Gallseife notwendige echte Rindergalle ist heute nur noch schwer erhältlich. Man kann sein Glück beim Fleischer oder einem Schlachtbetrieb versuchen. Echte Rindergalle entwickelt einen unangenehmen Geruch, der viele abschreckt. Gut zu bekommen ist »Ochsengalle«. Sie dient in der Guache- und Aquarellmalerei als natürliches Netzmittel. Ich bevorzuge die flüssige, geruchlose Variante der Firma Schmincke, die im Künstlerbedarf erhältlich ist.

## REIFEPROZESS

Vor der Verwendung sollte feste Gallseife 3–4 Wochen reifen, pastöse Gallseife mindestens 2 Wochen.

↑ *Die Arbeitsschritte zur Seifenherstellung sind ab Seite 49 beschrieben*

# KLASSISCHE GALLSEIFE IM KALTVERFAHREN

*0 % Überfettung*

**Fettansatz (550 g GFM)**
400 g Kokosfett
100 g Rapsöl
50 g Rizinusöl

**Lauge**
93 g NaOH
165 g Wasser (30 % der GFM)

**Außerdem**
110 g Ochsengalle
(20 % der GFM)

1. Für den Fettansatz das Kokosfett langsam schmelzen. Im Anschluss die Öle beimengen. Den Fettansatz auf eine Temperatur von 40–45 °C bringen.

2. Für die Lauge das Natriumhydroxid abwiegen und im Wasser lösen. Die Lauge auf eine Temperatur von 40–45 °C abkühlen lassen.

3. Wenn der Fettansatz und die Lauge eine Temperatur von etwa 40–45 °C erreicht haben, die Lauge in den Fettansatz gießen und alles gut mit dem Stabmixer verrühren. Wenn der Seifenleim eine leichte Spur gebildet hat, die Ochsengalle beimengen.

4. Den Seifenleim in eine Form gießen und mit einer Frischhaltefolie aus Kunststoff abdecken. Mit alten Handtüchern für gute Wärmeisolierung sorgen.

5. Die Seife nach dem Entformen 3–4 Wochen reifen lassen.

**Tipp**
Da der Kokosfettanteil sehr hoch ist, dickt die Seife relativ schnell an. Daher empfehle ich anstatt vieler kleiner Einzelformen eine große Form zu wählen. Die Seife ist meist schon am nächsten Tag sehr fest und kann bald entformt und geschniten werden. Da die Seife rasch aushärtet, empfehle ich sie bald zu schneiden. Auf Wunsch kann die Gallseife auch mit etwa 15 g ätherischen Ölen beduftet werden.

Gallseife

# PASTÖSE GALLSEIFE IM HEISSVERFAHREN

*0 % Überfettung*

**Fettansatz (575 g GFM)**
125 g Kokosfett
450 g Rapsöl

**Lauge**
106 g KOH
230 g Wasser (40 % der GFM)

**Außerdem**
115 g Ochsengalle
(20 % der GFM)

**1.** Für den Fettansatz das Kokosfett langsam in einem Topf schmelzen und im Anschluss das Rapsöl beimengen.

**2.** Für die Lauge das Kaliumhydroxid abwiegen und im Wasser lösen. Die Lauge nicht abkühlen lassen und, unmittelbar nachdem sie klar ist, zum Fettansatz geben und vermengen.

**3.** Die Ochsengalle abwiegen und bereitstellen.

**4.** Den Topf bei geringer bis mittlerer Wärmezufuhr auf den Herd stellen und die Masse mit dem Stabmixer gut durchmixen. Spritzer vermeiden! Der ganze Arbeitsvorgang kann bis zu 30 Minuten dauern. Den Stabmixer zwischendurch immer wieder ausschalten, um einer Überhitzung vorzubeugen. Der Topf kann immer wieder von der Herdplatte genommen werden, falls er zu heiß wird. Der Seifenleim wird nach etwa 15 Minuten dicklicher und schwerer. Dann zum Schneebesen oder zum Gummispatel wechseln. Weiterrühren, um ein Anbrennen des Seifenleims zu umgehen. Falls sich der Seifenleim trennen sollte, wieder mit dem Stabmixer weitermixen.

**5.** Kurz bevor die Seife sich von der Topfwand löst und dicklich ist, die flüssige Ochsengalle beimengen. Die pastöse Gallseife ist fertig, wenn sich der Seifenleim beim Rühren von der Topfwand löst und die Masse leichte Fäden zieht.

**6.** In vorbereitete Gläser füllen und nach dem Auskühlen verschließen. Vor der Verwendung 2 Wochen reifen lassen.

**Anwendung**
Das zu reinigende Kleidungsstück nass machen, die pastöse Gallseife direkt auf den zu behandelnden Fleck auftragen und gut einarbeiten. Beim Einreiben in die feuchte Textilie kann auch eine Bürste verwendet werden. 5–10 Minuten einwirken lassen und wie gewohnt in der Waschmaschine waschen.

**Tipp**
Diese Variante der Gallseife riecht leicht nach Ochsengalle. Falls Sie das als störend empfinden, können Sie Ihre Seife gerne mit einem ätherischen Öl Ihrer Wahl beduften.

There is
beauty
in
simplicity

# Vergessene Rezepturen

# BIMSSTEINSEIFE

*10 % Rückfettung*

**Fettansatz (500 g GFM)**
185 g Kokosfett
50 g Sheabutter
15 g Bienenwachs
250 g Olivenöl

**Lauge**
67 g NaOH
160 g Wasser (32 % der GFM)

**Außerdem**
400 g Bimssteinmehl
15 g ätherisches Salbeiöl
5 g ätherisches Lavendelöl

**1.** Für den Fettansatz das Kokosfett, die Sheabutter und das Bienenwachs langsam schmelzen. Im Anschluss das Olivenöl beimengen. Den Fettansatz auf eine Temperatur von 40–45 °C bringen.

**2.** Für die Lauge das Natriumhydroxid abwiegen und im Wasser lösen. Die Lauge auf eine Temperatur von 40–45 °C abkühlen lassen.

**3.** Wenn der Fettansatz und die Lauge eine Temperatur von etwa 40–45 °C erreicht haben, die Lauge in den Fettansatz gießen und alles gut mit dem Stabmixer verrühren. Die Rohseife so lange mixen, bis sich eine Spur bildet.

**4.** Das Bimssteinmehl gut einrühren, dabei Klümpchenbildung vermeiden.

**5.** Die ätherischen Öle beimengen.

**6.** Den Seifenleim in die vorbereitete Form gießen.

**7.** Eine vorab vorbereitete Kordel mittig in der Seife versenken. Damit die Kordel nicht in die Seife fällt, links und rechts von der Seifenform Bücher stapeln, ein Holzstäbchen durch die Kordel fädeln und es auf den Büchern ablegen.

**8.** Die Form mit Frischhaltefolie aus Kunststoff abdecken und mit Handtüchern gut isolieren, damit die Wärme erhalten bleibt.

**9.** Die Seife nach dem Entformen 4–6 Wochen reifen lassen.

**Anwendung**
Diese Seife ist eine meiner Lieblingsseifen. Durch die maximale Beigabe von Bimsstein ist sie eine hervorragende Scheuerseife. Durch die Scheuerkraft von Bimsstein verschwinden selbst hartnäckige Verschmutzungen an Händen und Füßen in kürzester Zeit. Zur Reinigung zarter Gesichtshaut ist die Bimssteinseife nicht geeignet.
Salbeiöl und Lavendelöl wirken desinfizierend und lassen kleine Kratzer rasch verheilen.

# KAFFEESEIFE

*9 % Rückfettung*

**Fettansatz (510 g GFM)**
150 g Kokosfett
50 g Kakaobutter
10 g Bienenwachs
100 g Sesamöl
150 g Olivenöl
50 g Rizinusöl

**Lauge**
68 g NaOH
163 g Wasser
(32 % der GFM)

**Außerdem**
30–40 g gemahlener Kaffee
10 g ätherisches Citronellaöl

**1.** Für den Fettansatz das Kokosfett, die Kakaobutter und das Bienenwachs langsam schmelzen. Im Anschluss die Öle beimengen. Den Fettansatz auf eine Temperatur von 40–45 °C bringen.

**2.** Für die Lauge das Natriumhydroxid abwiegen und im Wasser lösen. Die Lauge auf eine Temperatur von 40–45 °C abkühlen lassen.

**3.** Wenn der Fettansatz sowie die Lauge eine Temperatur von etwa 40–45 °C erreicht haben, die Lauge in den Fettansatz gießen und alles gut mit dem Stabmixer verrühren. Die Rohseife so lange mixen, bis sich eine Spur bildet.

**4.** Den gemahlenen Kaffee unterrühren.

**5.** Zuletzt das ätherische Öl beimengen.

**6.** Den Seifenleim in eine vorbereitete Form gießen und mit Frischhaltefolie aus Kunststoff abdecken. Mit Handtüchern gut isolieren, damit die Wärme erhalten bleibt.

**7.** Die Seife nach dem Entformen 4–6 Wochen reifen lassen.

**Anwendung**
Diese Kaffeeseife ist ein idealer Allrounder. Durch ihre Körnung verschwindet Schmutz rasch und problemlos. Zusätzlich absorbiert Kaffee unangenehme Gerüche wie Zwiebel und Knoblauch. Daher ist diese Seife ein idealer Begleiter für die Küche. Das Citronellaöl mit seinem erfrischenden Duft ist stimmungsaufhellend und sorgt für gute Laune.

# FESTE RASIERSEIFE

*13 % Rückfettung; Mischverseifung 70:30*

**Fettansatz (465 g GFM)**
50 g Sheabutter
150 g Kokosfett
15 g Stearinsäure
100 g Olivenöl
50 g Mandelöl
50 g Jojobaöl
50 g Rizinusöl
10 g weiße Tonerde

**Lauge**
42 g NaOH
140 g Wasser (30 % der GFM)
24 g KOH

**Außerdem**
5 g ätherisches Salbeiöl
5 g ätherisches Pinienöl

1. Für den Fettansatz die Sheabutter, das Kokosfett und die Stearinsäure schmelzen. Im Anschluss die Öle und die weiße Tonerde beimengen. Den Fettansatz auf eine Temperatur von 60 °C bringen.

2. Für die Lauge das Natriumhydroxid im Wasser lösen, gleich im Anschluss daran das Kaliumhydroxid unterrühren. Die Lauge auf 60 °C abkühlen lassen.

3. Die Lauge langsam in den Fettansatz einrühren.

4. Den Seifenleim mit dem Stabmixer zum Andicken bringen.

5. Wenn der Seifenleim eine dickliche Konsistenz erreicht hat, die ätherischen Öle beimengen.

6. Den Seifenleim in vorbereitete Silikonformen gießen.

7. Die Seife nach dem Entformen mindestens 4 Wochen reifen lassen.

**Tipp**
Es kann sein, dass der Seifenleim auch am folgenden Tag noch nicht ganz fest ist und geleeartig wirkt. Dann einfach noch stehen lassen, bis die Seife fest geworden ist. Danach wie gewohnt entformen. Falls Ihnen die Konsistenz nicht zusagt, können Sie das Mischverhältnis in 80:20 oder 90:10 verändern. Mehr zur Mischverseifung lesen Sie auf Seite 57.

(Das Bild zeigt die Rasierseife kurz nach dem Eingießen.)

# HANDSEIFE ODER PASTÖSE RASIERSEIFE

*13 % Rückfettung; Mischverseifung 50:50*

**Fettansatz (470 g GFM)**
50 g Sheabutter
150 g Kokosfett
20 g Stearinsäure
100 g Olivenöl
50 g Mandelöl
50 g Jojobaöl
50 g Rizinusöl
10 g weiße Tonerde

**Lauge**
30 g NaOH
165 g Wasser (35 % der GFM)
41 g KOH

**Außerdem**
5 g ätherisches Lavendelöl
5 g ätherisches Rosmarinöl

**1.** Für den Fettansatz die Sheabutter, das Kokosfett und die Stearinsäure schmelzen. Im Anschluss die flüssigen Öle und die weiße Tonerde beimengen. Den Fettansatz auf eine Temperatur von 70–90 °C bringen.

**2.** Für die Lauge das Natriumhydroxid im Wasser lösen, gleich im Anschluss daran das Kaliumhydroxid unterrühren. Die Lauge auf 70–90 °C abkühlen lassen.

**3.** Die Lauge in den Fettansatz einrühren.

**4.** Den Seifenleim mit dem Stabmixer zum Andicken bringen. Falls sich die Masse trennt, einfach weitermixen.

**5.** Wenn der Seifenleim eine dickliche Konsistenz erreicht hat, die ätherischen Öle beimengen.

**6.** Den Seifenleim in vorbereitete Behältnisse gießen. (Ich verwende gerne mehrere kleine Bügelgläser.) Die Konsistenz der Seife gleicht der einer Schmierseife, sie wird aber nach ein paar Tagen fester. Die Farbe ist nicht transparent, sondern weißlich.

**7.** Vor dem Verwenden mindestens 2 Wochen reifen lassen.

**Tipp**
Diese Seife kann sowohl als Rasierseife als auch als pastöse Körperseife oder nur zur Handwäsche verwendet werden. Mehr zur Mischverseifung lesen Sie auf Seite 57.

# HARZSEIFE

*Harz ist in der Naturheilkunde ein bekanntes Wundheilmittel und lässt sich auch in Seifen einarbeiten.*

## WISSENSWERTES

Schon seit Jahrtausenden sind Harze – auch »Gold des Waldes« genannt – ein beliebtes und hochgeschätztes Mittel der Naturheilkunde bei unterschiedlichen Beschwerden. Die wohl geläufigste Zubereitung im Einsatz bei der Wundheilung ist die Pechsalbe.

Den Bäumen selbst dient Harz als Wundverschluss. Sie schützen sich so vor Krankheit und verhindern den Befall mit Bakterien, Parasiten und Pilzen. Harze unterscheiden sich in Konsistenz, Farbe und Zusammensetzung je nach Baumart. Die wichtigsten Inhaltsstoffe sind:

» Harz
» Terpentin
» Ätherisches Öl

Die bekanntesten Harze sind Weihrauch und Myrrhe. Die geläufigsten heimischen Harze stammen von Fichten, Kiefern, Föhren und Lärchen. Auch Bernstein ist ein Harz – vor Millionen Jahren von der Luft abgeschlossen und versteinert. Somit ist Bernstein kein Stein, sondern ein fossiles Baumharz.

## HARZ IM GEGENSATZ ZU GUMMI

Harze stammen von Nadelhölzern und sind öllöslich. Dies muss man wissen, um Harze korrekt verarbeiten zu können. Gummi stammt von Laubbäumen und ist wasserlöslich. Oft werden diese Begriffe verwechselt und es wird nur ganz allgemein von »Harz« gesprochen.

↑ *Mit ein paar Tropfen Farbe lassen sich Seifen aufhübschen*

## HARZE SAMMELN

Das Harz ist für den Baum ein Wundverschluss und daher ein wertvoller Stoff. Dieser muss mit Bedacht entnommen und nur oberflächlich abgetragen werden, um ein erneutes Öffnen der Wunde am Baum zu vermeiden. Handschuhe, ein altes Messer und ein Glasgefäß erweisen sich beim Sammeln als hilfreich. Wenn man doch einmal Flecken abbekommt, lösen sich diese am besten mit Öl. Eine Handvoll Harz sind ungefähr 30 g, mehr als ausreichend für Salben und eine Seife.

↑ *Seifen mit Harz haben entzündungshemmende Eigenschaften*

## VERWENDUNG

Harze haben folgende Wirkung:

» Sie schützen vor Bakterien und Keimen
» Sie beschleunigen die Wundheilung
» Sie reduzieren Entzündungen
» Sie verringern Narbenbildung

Harze, die in Seifen verarbeitet werden, verwöhnen beanspruchte Haut und pflegen sie reichhaltig. Menschen mit Hautkrankheiten wie Neurodermitis oder Schuppenflechte sowie Handwerker, deren beanspruchte Hände Risse und Wunden aufweisen, loben die entzündungshemmenden und hautpflegenden Eigenschaften von Harz in kosmetischen Zubereitungen.

Neben der Volksheilkunde werden Harze auch als beliebtes Räucherwerk eingesetzt. Aus Baumharz wird zudem der Stoff Kolophonium gewonnen. Er dient als natürlicher Klebstoff und ist in Heftpflastern enthalten. In Griechenland wird der Retsina traditionell mit Kiefernharz »aromatisiert«.

↑ *Feste und flüssige Harze*

# HARZSEIFE

*10 % Rückfettung*

**Fettansatz**
300 g Olivenöl

**Lauge**
40 g NaOH
105 g Wasser (35 % der GFM)

**Außerdem**
30 g Harz
30 g Sesamöl
5–7 Spirulinatabletten, gemahlen, als Farbstoff
10 g Zedernöl

1. Für den Fettansatz das Olivenöl auf etwa 45 °C erwärmen.

2. Für die Lauge das Natriumhydroxid abwiegen und im Wasser lösen. Die Lauge auf eine Temperatur von etwa 45 °C abkühlen lassen.

3. Das Harz im Mörser zerkleinern und im Sesamöl anwärmen und lösen.

4. Wenn der Fettansatz sowie die Lauge eine Temperatur von etwa 45 °C erreicht haben, die Lauge in den Fettansatz gießen und alles gut mit dem Stabmixer verrühren. Die Rohseife so lange mixen, bis sich eine Spur bildet.

5. Wenn der Seifenleim angedickt ist, die Harzölmischung, die gemahlenen Spirulinatabletten und die ätherischen Öle beimengen.

6. In eine vorbereitete Form gießen und mit Frischhaltefolie aus Kunststoff abdecken. Mit Handtüchern gut isolieren, damit die Wärme erhalten bleibt.

7. Die Seife nach dem Entformen 4–6 Wochen reifen lassen.

**Tipp**
Die Seife bleibt relativ lange weich, daher ist es ratsam, bis zum Entformen mehrere Tage zu warten.

# Seifen recyceln

# SEIFEN RECYCELN

*Dieses Kapitel zeigt Ihnen, wie Sie Seifenreste wiederverwenden und wahre Kunstwerke daraus zaubern können.*

↑ *Seifenspäne als Dekor für Seifen*

Wer kennt das nicht: Seifenreste, die zu klein geworden und beim Waschen nicht mehr effizient sind? Wenn außerdem regelmäßig Seife gesiedet wird, fallen Randstücke oder Seifenspäne an. Manchmal wird beim Entformen das Dekor der Seife beschädigt, oder durch zu rasche Abkühlung ist die Farbe der Seife nicht optimal. Oft werden diese Reste einfach entsorgt. Viel zu schade, finde ich, denn es handelt sich um hochwertige, pflegende Seifenstücke, die es wert sind, gesammelt und weiterverarbeitet zu werden. So werden die Umwelt und die Haushaltskasse geschont!

Ob als Dekoration für eine neue Seife oder als Reinigungsmittel für Haut und Haushalt: Anstatt sie wegzuwerfen, können diese Seifenstücke restlos verbraucht werden. Es bedarf nur wenig Zeit, um aus diesen Resten wunderschöne neue Kreationen zu erschaffen. Wer keine Zeit aufwenden möchte, kann sie

↑ *Klein geschnittene bunte Seifenreste können zum Verschönern in neue Seifen eingearbeitet werden*

einfach klein raspeln und in einem Seifensäckchen wiederverwerten.

Im Folgenden ein paar Vorschläge, wie vielfältig Seifenreste verarbeitet werden können:

## SEIFENSPÄNE IM SÄCKCHEN

Die einfachste und rascheste Art und Weise, Seifenreste zu verwerten, besteht darin, sie fein zu raspeln. Das Einzige, was dazu noch benötigt wird, ist ein Seifensäckchen. Es kann aus Baumwolle oder einer anderen Naturfaser sein, wichtig ist nur, dass es grobmaschig ist, damit der Seifenschaum durch das Säckchen auf die Haut kommt. Mittlerweile gibt es im Handel eine große Auswahl, als Alternative kann man sich auch selber rasch ein solches Säckchen häkeln oder stricken.

Die Seifenspäne kommen direkt in das Säckchen, welches dann mit einem Band fest verschlossen wird. Sie können das Säckchen direkt unter den Wasserhahn halten und aufschäumen. Unter der Dusche kann man es zum Einschäumen verwenden und es hat gleichzeitig einen Massageeffekt. Wenn Sie es für die Massage verwenden wollen, können Sie ruhig ein gröberes Material für Ihr Seifensäckchen wählen.

↑ *Auch geraspelte Seife lässt sich verwerten*

Eine weitere Alternative ist, das Seifensäckchen einfach in Ihre Badewanne zu legen. Ab und an fest drücken und damit waschen. Einfacher kann Resteverwertung nicht sein!

## SEIFENBLÄTTCHEN

Bei dieser Technik werden von Randstücken hauchdünne Schichten abgehobelt, die ich Seifenblättchen nenne. Diese Seifenblättchen lasse ich noch ein paar Tage auf Butterbrotpapier nachtrocknen und schneide sie dann in kleinere Stücke, die ich gerne auf Reisen mitnehme, weil sie leicht und handlich sind. Ich verwende keine synthetischen Tenside oder Flüssigseifen, und meine Seifenblättchen machen mich unabhängig.

Je nach Stärke und Größe eignen sie sich für 1–2 Handwäschen. Zusätzlich sind sie wunderschön und eine exklusive Geschenkidee.

# SOAP ON THE ROPE

120 g geriebene, helle Seifenspäne
etwas Tonerde (Farbe nach Wahl)
ätherische Duftöle nach Wahl

**1.** Bei dieser Technik ist es notwendig, dass die verwendete Seife noch relativ »frisch« ist. Je feuchter die Seifenspäne sind, umso leichter können diese kompakt zusammengeknetet werden. Werden schon ältere Seifenreste verwendet, kann man mit ein paar Tropfen Wasser oder Öl nachhelfen, um die Seife wieder geschmeidiger zu machen.

**2.** Für die Seifentropfen die Seifenspäne mit ein wenig blauer Tonerde so lange verknetet, bis sich eine homogene Masse bildet. Im Anschluss ein paar Tropfen ätherisches Öl beimischen. Dann eine Stück Kordel mit einem Knoten in die Seife drücken und die Seife noch einmal nachformen.

**Tipp**

Sehr schön sind auch Seifenkugeln. Eine oder sogar mehrere auf eine Schnur geknotet sind ein wirklicher Hingucker und ein schönes Geschenk.

Diese Technik eignet sich auch für Kinder, denn nach meiner Erfahrung lieben sie das Kneten. In meinen Workshops stelle ich auch Kräuter und Blüten zur Verfügung, die individuell in die Seife eingearbeitet werden können. Man kann das Seifenstück auch darin wälzen. Dadurch kann der nicht ungefährliche Herstellungsprozess mit der Lauge umgangen werden. Alles, was benötigt wird, sind vorab zubereitete Seifen, die farb- und duftlos sind. Ein weiterer Vorteil ist es, dass die Seifen sofort zu verwenden sind, weil sie ihre Reifezeit schon durchlaufen haben.

# TERRAZZOSEIFE

*9 % Rückfettung*

**Fettansatz (400 g GFM)**
150 g Kokosfett
50 g Kakaobutter
150 g Olivenöl
50 g Rizinusöl

**Lauge**
55 g NaOH
120 g Wasser (30 % der GFM)

**Außerdem**
1–2 Handvoll klein geschnittene bunte Seifenreste
8 g ätherisches Lemongrassöl

**1.** Für den Fettansatz das Kokosfett und die Kakaobutter schmelzen. Im Anschluss die Öle beimengen. Den Fettansatz auf eine Temperatur von 40–45 °C bringen.

**2.** Für die Lauge das Natriumhydroxid abwiegen und im Wasser lösen. Die Lauge auf eine Temperatur von 40–45 °C abkühlen lassen.

**3.** Wenn der Fettansatz sowie die Lauge eine Temperatur von etwa 40–45 °C erreicht haben, die Lauge in den Fettansatz gießen und alles gut mit dem Stabmixer verrühren. Die Rohseife so lange mixen, bis sich eine Spur bildet.

**4.** Die klein geschnittenen Seifenreste in den Seifenleim einarbeiten.

**5.** Das Lemongrassöl beimengen.

**6.** Den Seifenleim in vorbereitete Formen gießen und mit Frischhaltefolie aus Kunststoff abdecken. Mit Handtüchern gut isolieren, damit die Wärme erhalten bleibt.

**7.** Die Seife nach dem Entformen 4–6 Wochen reifen lassen.

# RECYCLING-SEIFE AUS SEIFENRASPELN

*8 % Rückfettung*

**Fettansatz (450 g GFM)**
150 g Kokosfett
50 g Kakaobutter
100 g Rapsöl
50 g Sonnenblumenöl
100 g Mandelöl

**Lauge**
63 g NaOH
135 g Wasser (30 % der GFM)

**Außerdem**
5 g Lavendelöl
5 g Pfefferminzöl
10 g rosa Tonerde
15–25 g Seifenraspel in unterschiedlichen Farben

**1.** Für den Fettansatz das Kokosfett und die Kakaobutter schmelzen, im Anschluss die Öle beimengen. Den Fettansatz auf 40–45 °C bringen.

**2.** Für die Lauge das Natriumhydroxid abwiegen und im Wasser lösen. Die Lauge auf 40–45 °C abkühlen lassen.

**3.** Wenn der Fettansatz sowie die Lauge eine Temperatur von etwa 40–45 °C erreicht haben, die Lauge in den Fettansatz gießen und alles gut mit dem Stabmixer verrühren. Die Rohseife so lange mixen, bis sich eine leichte Spur bildet.

**4.** Die ätherischen Öle beimengen.

**5.** Den Seifenleim aufteilen: 250–300 g mit der rosa Tonerde vermischen, den Rest mit den bunten Seifenraspeln vermengen.

**6.** Den Großteil des Leims mit rosa Tonerde auf den Boden der Form gießen.

**7.** Den Seifenleim mit den bunten Raspeln vorsichtig über einen Spatel in die Form gießen, damit sich die beiden Seifenleime nicht vermischen.

**8.** Den restlichen Seifenleim mit rosa Tonerde als Abschluss in die Form gießen.

**9.** Mit Kunststofffolie abdecken und mit Handtüchern gut wärmeisolieren.

**10.** Die Seife nach dem Entformen 4–6 Wochen reifen lassen.

**Tipp**
Seifenraspel können einfach mit der Küchenreibe hergestellt werden. Sie können sie fein oder grob raspeln, je nachdem, welchen Effekt Sie erzielen wollen. Sie können die Menge an Seifenraspeln auch erhöhen.

Dass man aus Resten so zauberhafte Seife sieden kann, hat mich selbst überrascht – es ist eine wundervolle Art, Seifen zu recyceln. Die Reste können würfelig, in kleinen Streifen und in unterschiedlichen Größen beigemengt werden. Diese Unregelmäßigkeit macht die Naturseife so richtig »lebendig«.

# RECYCLING-SEIFE MIT SEIFENSPÄNEN

*9 % Rückfettung*

**Fettansatz (410 g GFM)**
150 g Kokosfett
50 g Kakaobutter
10 g Bienenwachs
50 g Rapsöl
50 g Rizinusöl
100 g Aprikosenkernöl

**Lauge**
56 g NaOH
123 g Wasser
(30 % der GFM)

**Außerdem**
5 g Palmarosaöl
5 g Lemongrassöl
Seifenhobelspäne in unterschiedlichen Farben

**1.** Für den Fettansatz das Kokosfett, die Kakaobutter und das Bienenwachs schmelzen. Im Anschluss die Öle beimengen. Den Fettansatz auf 40–45 °C bringen.

**2.** Für die Lauge das Natriumhydroxid abwiegen und im Wasser lösen. Die Lauge auf 40–45 °C abkühlen lassen.

**3.** Wenn der Fettansatz sowie die Lauge eine Temperatur von etwa 40–45 °C erreicht haben, die Lauge in den Fettansatz gießen und alles gut mit dem Stabmixer verrühren. Die Rohseife so lange mixen, bis sich eine leichte Spur bildet.

**4.** Die ätherischen Öle beimengen.

**5.** Den Seifenleim in vorbereitete Formen gießen und die Seifenhobelspäne rasch in den Seifenleim eindrücken. Locker mit Kunststofffolie abdecken und mit Handtüchern gut wärmeisolieren.

**6.** Die Seife nach dem Entformen 4–6 Wochen reifen lassen.

**Tipp**
Durch das enthaltene Bienenwachs dickt der Seifenleim rasch an und verhindert so das Einsinken der Seifenhobelspäne. Sie können auf unterschiedlichen Ebenen oder gleich hoch eingedrückt werden – so oder so sind sie ein Blickfang. Seifenhobelspäne können leicht mit einem Kartoffelschäler in unterschiedlichen Stärken hergestellt werden. Im Internet werden für diesen Zweck auch geeignete Hobel angeboten. Die zu verwertende Seife sollte nicht zu frisch, aber auch nicht zu fest zum Hobeln sein.

# SEIFENTÖRTCHEN

200 g Wasser
300 g Seifenspäne in neutraler Farbe
5 g ätherische Öle nach Wahl
Farbstoff nach Wahl
getrocknete Blüten zur Dekoration nach Wahl

**1.** Das Wasser langsam erwärmen und die Seifenspäne darin lösen. Dieser Vorgang kann 30–60 Minuten dauern. Schaumbildung ist zu vermeiden, ebenso zu hohe Temperatur und rasches Rühren.

**2.** Wenn die Späne gelöst sind, muss das überschüssige Wasser langsam verdampft werden, damit die Seife »fester« wird und eine breiartige Konsistenz erhält.

**3.** Den Seifenbrei etwas abkühlen lassen und mit ätherischen Ölen und Farbe mischen.

**4.** In bereitgestellte Förmchen gießen (siehe Tipp). Je nachdem, wie viel Restflüssigkeit in der Seife vorhanden war, kann es mehrere Tage dauern, bis sie wirklich fest wird.

**5.** Die feste Seife nach Belieben mit Blüten dekorieren.

**Tipp**
Diese Methode ist etwas zeitaufwendig, aber sie lohnt sich. Zur Dekoration können getrocknete Blüten und Kräuter verwendet werden. Als Form bieten sich Papierförmchen zum Backen an. Wenn Ihre Papierförmchen sehr dünn sind, nehmen Sie 2–3 Stück übereinander, um die Form stabil zu halten. Oder Sie stellen die Papierförmchen in eine Muffinblechform, damit sie gestützt werden.

# ZUTATENÜBERSICHT MIT BEZUGSQUELLEN

| Zutat | Bezugsquelle | Information |
|---|---|---|
| Agar-Agar | gut sortierter Supermarkt, Biomarkt, Reformhaus, Webshop | zum Eindicken |
| Aprikosenkernöl | Biomarkt, Reformhaus, Webshop, Geschäfte für Naturkosmetik | Seite 41 |
| ätherische Öle | Biomarkt, Reformhaus, Apotheke, Webshop, Geschäfte für Naturkosmetik | Seite 35 |
| Ätznatron (NaOH) | Apotheke, Reformhaus, Webshop, Geschäfte für Naturkosmetik | Seite 11, 18 |
| Bienenwachs | Imker, Apotheke, Webshop, Geschäfte für Naturkosmetik | Seite 41 |
| Bimsstein | Webshop, Geschäfte für Naturkosmetik | Seite 38 |
| Blüten | Bastelbedarf, Webshop | zur Dekoration |
| Distelöl | gut sortierter Supermarkt, Biomarkt, Reformhaus, Webshop | Seite 42 |
| Harz | Geschäfte, die Räucherwerk verkaufen; selbst gesammelt | Seite 37, 122 ff. |
| Jojobaöl | Biomarkt, Reformhaus, Apotheke, Webshop, Geschäfte für Naturkosmetik | Seite 42 |
| Kaffee | Supermarkt, Biomarkt, Reformhaus, Webshop | Seite 38 |
| Kaliumhydroxid (KOH) | Apotheke, Reformhaus, Webshop, Geschäfte für Naturkosmetik | Seite 19, 36, 55, 57 |
| Kakaobutter | Biomarkt, Reformhaus, Webshop, Geschäfte für Naturkosmetik | Seite 42 |
| Kokosfett | Biomarkt, Reformhaus, Webshop, Geschäfte für Naturkosmetik | Seite 43 |
| Mandelöl | Biomarkt, Reformhaus, Webshop, Geschäfte für Naturkosmetik | Seite 43 |
| Natriumhydroxid (NaOH) | Apotheke, Reformhaus, Webshop, Geschäfte für Naturkosmetik | Seite 18 |

| Zutat | Bezugsquelle | Information |
|---|---|---|
| Natron, Haushalts- (Speisesoda) | Supermarkt, Biomarkt, Reformhaus, Webshop | Reinigung |
| Ochsengalle | Bastelmarkt (z. B. Firma Schmincke) | Seite 36 |
| Olivenöl | Supermarkt, Biomarkt, Reformhaus, Webshop | Seite 43 |
| Rapsöl | Supermarkt, Biomarkt, Reformhaus, Webshop | Seite 43 |
| Rizinusöl | Apotheke, Webshop, Geschäfte für Naturkosmetik | Seite 44 |
| Salz | Supermarkt, Biomarkt, Reformhaus, Webshop | zum Aussalzen |
| Sesamöl | gut sortierter Supermarkt, Biomarkt, Reformhaus, Webshop, Asialaden | Seite 44 |
| Sheabutter | Apotheke, Webshop, Geschäfte für Naturkosmetik | Seite 44 |
| Sonnenblumenöl | Supermarkt, Biomarkt, Reformhaus, Webshop | Seite 44 |
| Soda (Waschsoda) | Biomarkt, Reformhaus, Webshop, Geschäfte für Naturkosmetik | Reinigung |
| Spirulina | Apotheke, Reformhaus, Webshop, Geschäfte für Naturkosmetik | Farbstoff |
| Stearinsäure | Geschäfte für Naturkosmetik, Laborbedarf, Apotheke | Seite 30 |
| Tonerde | Webshop, Geschäfte für Naturkosmetik | Farbzusatz |
| Zedernöl | Apotheke, Geschäfte für Naturkosmetik | Duft |
| Zitronensäure | gut sortierter Supermarkt, Apotheke, Drogerie | Reinigung, Aufhellung |

# REGISTER

# MEHR ERFAHREN

## SEIFENKURSE

Nach zwei Jahrzehnten in meiner Seifensiederei, war es naheliegend mein Wissen nicht nur in Buchform zu bündeln, sondern auch in Kursen weiterzugeben. Meine Seifenkurse finden in Präsenz und auch online statt.

Die genauen **Termine** sind auf meiner Homepage unter www.seifensieder.at und unter www.diewildkraeuterei.com abrufbar und werden ständig aktualisiert.

## PRÄSENZKURSE

Meine Präsenzkurse sind Intensivkurse bei denen in kleinen Gruppen vorab Theorie und Rohstoffkunde vermittelt wird. Da beim Seifensieden mit einem Gefahrenstoff Natriumhydroxid (Ätznatron) gearbeitet wird, ist ein korrektes Hantieren unerlässlich, um sicher arbeiten zu können. Nach der Theorie geht es in einen intensiven Praxisteil über. Eine **kleine Teilnehmeranzahl** ist mir besonders wichtig, da nur so die Wissensvermittlung am höchsten ist.

## ONLINEKURSE

Im Gegenteil zu meinen Präsenzkursen, die meistens einmal monatlich stattfinden, sind meine Onlinekurse abgedrehte Videos und zeitlich individuell abrufbar. In einfachen Schritten erkläre ich dem Zuseher, wie er seine individuelle Naturseife fertigen kann. Theorie und Praxis vereint, ergeben das notwendige Grundwissen, um unabhängig von zu Hause aus zu arbeiten.

## INHALTE

Es gibt folgende Themen rund ums Seifensieden:

**» Grundkurs«**
**» Fortgeschrittene Technik und Gestaltung Teil 1**
**» Fortgeschrittene Technik und Gestaltung Teil 2**
**» Schmierseife-Gallseife-Harzseife**

Die passenden Trailer auf der Homepage gewähren einen Einblick in das jeweilige Video. Im Video-Paket sind ein umfangreiches Skriptum, eine Checkliste und Rezepte enthalten.

## INDIVIDUELLE BERATUNG

Immer öfter habe ich Anfragen für individuelle Betreuung. Oft wird das anfängliche Hobby zur Leidenschaft und der Weg in die Selbstständigkeit wird eingeschlagen. Viele bürokratischen Hürden sind zu bewältigen, angefangen von Sicherheitsbewertungen, Zertifizierungen, Notifizierungen und gewerbliche Auflagen. Daher biete ich auf Anfrage auch Einzelcoaching an um meine Praxis bezogene Erfahrung zu teilen.

Seifensieder
handgemachte Seifen und Badezusätze

# ÜBER DIE AUTORIN

**Barbara Freyberger** lebt in Niederösterreich. Sie war viele Jahre selbstständig in der Mode- und Werbebranche als Make-up Artist tätig und lebte in Madrid, London und Südafrika. Auf einer ihrer vielen Reisen entdeckte sie erstmals handgesiedete Naturseife. Aus Liebe zur natürlichen Hautpflege und dem Handwerk gründete sie vor 20 Jahren die Kreativwerkstatt »Seifensieder«. Es folgten zahlreiche Ausbildungen zum Heilkräutercoach, zur Diplom-Kräuterpädagogin und zur Grünen-Kosmetik-Pädagogin. Barbara Freyberger unterrichtet die Kunst des Seifensiedens, ökologische Waschalternativen, Naturkosmetik und alles rund ums Thema Wildkräuter und Heilkräuterkunde. Zusätzlich bietet sie Onlinekurse zu den passenden Themen an. Mehr über Barbara Freyberger erfahren Sie auf seifensieder.at.

# ÜBER DIE FOTOGRAFIN

**Sabine Reichlmayer**, 1977 in Wien geboren, lebt mit ihrem Mann in der Nähe von Baden in Niederösterreich. Neben ihrer Erwerbstätigkeit als pharmazeutisch-kaufmännische Assistentin entschließt sie sich 2010 zu einer Ausbildung als Fotografin an der Prager Fotoschule und wagt 2014 den Schritt in die Selbstständigkeit. Ihre Fotos spiegeln die persönliche Sicht auf jede Situation wider – so wird jedes ihrer Fotos einzigartig. Aus Inspiration und Emotion entsteht etwas Unverwechselbares. Mehr über Sabine Reichlmayer erfahren Sie auf bilddesign.at.

# IMPRESSUM

Produktmanagement: Stefanie Gückstock
Redaktion: Larissa Rabe
Korrektorat: Constanze Lüdicke
Layout: Elke Mader
Umschlaggestaltung: Regina Degenkolbe
Repro: LUDWIG:media
Herstellung: Anna Katavic

Printed in Slovenia by Florjancic

Texte und Rezepte: Barbara Freyberger
Fotografie: Alle Bilder im Innenteil und auf dem Umschlag stammen von Sabine Reichlmayer.



Alle Angaben dieses Werkes wurden von der Autorin sorgfältig recherchiert und auf den neuesten Stand gebracht sowie vom Verlag geprüft. Für die Richtigkeit der Angaben kann jedoch keine Haftung übernommen werden, weshalb die Nutzung auf eigene Gefahr erfolgt. Sollte dieses Werk Links auf Webseiten Dritter enthalten, so machen wir uns die Inhalte nicht zu eigen und übernehmen für die Inhalte keine Haftung.

In diesem Buch wird aus Gründen der besseren Lesbarkeit das generische Maskulinum verwendet. Weibliche und anderweitige Geschlechteridentitäten werden dabei ausdrücklich mitgemeint, soweit es für die Aussage erforderlich ist.

**Wichtiger Sicherheitshinweis**
Ätznatron (NaOH) ist ein Gefahrenstoff und darf keinesfalls ohne Sicherheitsvorkehrungen und Schutzkleidung verwendet werden. Eine Haftung für durch die Verwendung von Ätznatron entstandene Sach- und/oder Personenschäden ist ausgeschlossen.
Sollten Sie nach der Anwendung einer selbst gesiedeten Seife Unverträglichkeitsreaktionen oder allergische Symptome bemerken, sollten Sie die Anwendung umgehend einstellen und einen Arzt aufsuchen. Die Fertigung der Seifen nach in diesem Werk veröffentlichten Anleitungen erfolgt auf eigene Gefahr. Eine Haftung für Sach- und/oder Personenschäden ist ausgeschlossen.

Die Deutsche Nationalbibliothek verzeichnet diese Publikation in der Deutschen Nationalbibliografie; detaillierte bibliografische Daten sind im Internet über http://dnb.d-nb.de abrufbar.



ISBN 978-3-95961-615-7

# Ebenfalls erhältlich ...

ISBN 978-3-95961-111-4

ISBN 978-3-95961-500-6

ISBN 978-3-95961-370-5

ISBN 978-3-95961-542-6